Uma Chance...

MARCOS ALENCAR

Uma Chance para o PERDÃO

Romance

PELO ESPÍRITO
LUÍS FELIPE

Uma Chande Para O Perdão

Editor: *Luiz Saegusa*
Assistente Editorial: *Cláudia Saegusa*
Capa: *Thamara Fraga*
Projeto gráfico e diagramação: *Gerson Reis | Estúdio Ciça Reis Comunicação*
Revisão: *Miriam Dias*
Colaboração: *Ana Claudia Faccin*
1ª Edição: *2012*
Impresso no Brasil | *Printed in Brazil*

InteLítera EDITORA

Rua Lucrécia Maciel, 39 – Vila Guarani
CEP 04314-130 – São Paulo – SP
11 2369-5377
www.intelitera.com.br
@intelitera facebook.com/intelitera

Dados Internacionais de Catalogação na Publicação (CIP)
(Câmara Brasileira do Livro, SP, Brasil)

Felipe, Luís (Espírito).
Uma chance para o perdão / Luís Felipe ; [psicografado por] Marcos Antônio Gonçalves de Alencar. -- 1. ed. -- São Paulo : Intelítera Editora, 2012.

1. Espiritismo 2. Ficção espírita 3. Psicografia I. Alencar, Marcos Antônio Gonçalves de. II. Título.

12-02924 CDD-133.93

Índices para catálogo sistemático:
1. Ficção espírita : Espiritismo 133.93

ISBN: 978-85-63808-14-1

MARCOS ALENCAR

Uma Chance para o PERDÃO

Romance

PELO ESPÍRITO
LUÍS FELIPE

InteLítera EDITORA

Sumário | *Uma chance para o perdão*

O tempo como aliado

O tempo é uma das forças que Deus nos oferece para o desenvolvimento das nossas inteligências.

Houve o tempo dos homens primitivos, da descoberta do fogo, das primeiras comunidades, do descobrimento da roda, do surgimento da escrita, dos primeiros contatos com os seres angelicais...

Houve o tempo dos primeiros passos da ciência, das fantásticas viagens de bravos guerreiros, de incansáveis homens que enfrentaram os mitos dos monstros em mares bravios, na busca por terras desconhecidas...

Houve o tempo da intolerância religiosa, dos fratricídios, dos ingênuos homens que baniram Deus de suas mentes, assim como os conhecimentos obtidos em vidas perdidas em guerras...

Houve o tempo das lutas insanas e do início das viagens em asas mecânicas...

Houve o tempo da descoberta das vacinas e do início do processo de cura de graves doenças...

O tempo que não para e que teimosamente insiste em passar, apesar do malgrado humano.

Os séculos caminharam, desde os primeiros raios de sol que ofuscaram os olhos dos homens primitivos. Hoje, o homem vive em outro tempo. Contempla o Universo, desbrava as profundezas dos mares, promove as descobertas de propriedades desconhecidas nos campos científicos, projeta grandes construções com pormenores tecnológicos, articula com braços biônicos mecanismos incríveis, eventos da tecnologia a serviço da humanidade, capazes de proceder cirurgicamente em corpos doentes a milhares de quilômetros.

Hoje, como no passado, o homem busca Deus. Não no cedro de ouro, nas imagens de deuses inacessíveis e sanguinários, mas um Deus capaz de ser sentido dentro de todos nós. Não mais um Deus de uma única religião, mas de todos os credos, que une e congrega os filhos outrora desgarrados numa única família universal.

Esta modesta obra é fruto também do tempo. Ditada por mim em 1998, soube esperar o momento adequado para se revelar ao mundo. Nosso desejo é divulgar um conteúdo que ajude, se possível, os nossos irmãos terrenos na busca pela felicidade.

Com o auxílio dos abnegados instrutores espirituais, pude contribuir mediunicamente com a transmissão desta obra, sem a mínima pretensão de narrar algo extraordinário, o que verdadeiramente não é.

O leitor atento encontrará um texto simples, sem os detalhes e cuidados literários dos escritores espirituais que está habituado a ler.

Não sou escritor e minha contribuição visa à difusão do conhecimento espírita de forma clara, objetiva e verdadeira.

Nestas despretensiosas linhas, espíritos amigos ampararam-me tanto quanto possível para que eu pudesse narrar minha vida, minhas escolhas e decisões.

É importante realizar a leitura de maneira crítica, fazendo uso da capacidade intelectiva que Deus nos conferiu, colocando cada informação sob o olhar da racionalidade e descartando aquilo que não for compatível com a lógica da ciência e da moral.

Críticas serão bem-vindas em todos os sentidos, porque sei das minhas limitações. Se justas, servirão para que eu possa melhorar meu desenvolvimento intelectual e moral. Se não, me ensinarão a ser humilde, resignado, indulgente e tolerante, perdoando todas as ofensas do mesmo jeito que suplico o perdão daqueles que ofendi.

Como tudo é passível de revisão, este trabalho também foi revisto. Adentramos em situações que foram descritas de forma sucinta, mas que precisavam de detalhamento, visando a facilitar o entendimento do leitor. Também foram inseridas informações que, mesmo implícitas, necessitam ficar evidentes para não causar interpretações equivocadas, o que comprometeria o sentido e a lógica do conteúdo.

Nesse intervalo de 14 anos, venho aprendendo um pouco mais a cada dia sobre os valores imortais, os verdadeiros "tesouros" citados por Jesus, em Mateus, capítulo 6, versículo 19.

Como eu peço perdão a Deus pelos meus erros, especialmente

aqueles que cometi contra meus pais, magoando-os! Eles, o meu pai e a minha mãe, são o meu grande tesouro.

No entanto, independente do sentimento de arrependimento que me atinge, não posso me furtar do "direito" e do "dever" de reparar todo dano causado a qualquer um dos meus irmãos, criação de Deus. O amor não prescinde da justiça, e esta não se consolida sem a misericórdia.

Espero que possam tirar o melhor proveito deste conteúdo, perdoando as minhas falhas literárias, retirando o "véu da letra".

Um forte abraço e desejos de muita paz a todos.

Luís Felipe
Espírito

Maceió, 28 de janeiro de 2012

Um jovem sem destino

*Nasci em São Luís, capital do Maranhão, em 1950, rece*bendo desde pequenino os ensinamentos evangélicos, já que meus pais eram da Igreja Batista, instituição à qual consagro grande respeito. Nas aulas de evangelização, aprendi as verdades cristãs nos cultos dominicais aos quais meus pais sempre me levavam. Naquela época, desfrutava de ambiente de muita paz, ao lado de amigos simples e leais.

Meu pai, de nome Lenivaldo, era comerciante, proprietário de pequena loja de miudezas, sendo muito bem quisto pelos fregueses. Sua honestidade era admirada por todos e seu jeito incisivo de tomar decisões também. Era um homem admirável, de caráter ilibado e personalidade forte.

Minha adorável e querida mãe se chamava Doralice. Como a maioria das mães de São Luís, cuidava dos afazeres domésticos pela manhã. À tarde, porém, lecionava em uma escola pública municipal. Eu era filho único, nascido do amor de meus pais que, por misericórdia de Deus, concederam-me a oportunidade da vida física.

Apesar de seus esforços, eu, ainda adolescente, comecei a não aceitar os conselhos paternos e maternos, esquecendo-me inclusive de rezar, o que para eles era algo inaceitável. O que me interessava, não obstante a repressão da época, era participar das festas mundanas, das correrias joviais que a maioria dos meus amigos de mesma idade desfrutava.

Os conhecimentos evangélicos que havia adquirido não me impediram de violar os princípios morais ensinados por meus pais. O que mais me atraía era consumir maconha e participar de farras regadas a álcool e sexo. Não aceitava a "castração moral" à qual meus pais me obrigavam. Queria conhecer mais sobre a vida e suas facilidades.

A repressão dos "coroas" aumentava cada vez mais. Meu pai não aceitava meu comportamento. Ele também não era homem? Deveria, portanto, compreender as necessidades dos homens – assim eu pensava. Minha mãe acreditava que havia errado na forma de me educar. E tudo caminhava em profundo desequilíbrio.

Na hora do café da manhã, já que eu chegava bem tarde e dormia até as 11 horas, meus pais não contavam com a minha presença. Durante o almoço, as discussões corriam soltas, patrocinadas por minhas exigências infelizes e reclamações constantes. Quando chegava a hora do jantar, não havia mais clima para a paz. Era meu pai reclamando de um lado e minha mãe chorando do outro.

Há muito tempo já havia deixado de ir aos cultos da Igreja, trocando-os pelas saídas com estranhas amizades. Isto magoou meus pais que, desgostosos, perderam o ânimo pela vida. Papai não tinha mais a mesma vontade para ir ao trabalho, sendo constantemente flagrado em lapsos de memória e em divagações sem proveito. Muitas vezes, chegou a fechar cedo seu estabelecimento para vagar pelas ruas da cidade, sendo visto, em certas ocasiões, chorando sozinho. Minha mãe, outrora feliz, foi definhando, perdendo o gosto pelos afazeres do lar, que não mais recebia as visitas de alguns amigos e parentes. Aliás, todos eles viraram as costas para mim.

E a roda do tempo girava, não se detendo em nada. Eu já estava com 18 anos e meus pais estavam envelhecendo de tanto desgosto. Papai, envergonhado com minhas arruaças, contraiu séria úlcera, recebendo constante acompanhamento médico. Mamãe, desapontada e infeliz por minha causa, se afastou da igreja, sofrendo sérias dores de cabeça, que os médicos da Terra não conseguiam curar.

Em maio de 1968, eu ainda morava com meus pais, mas há mais de dois anos estava envolvido com uma "turma da pesada". Chegava em casa nos braços dos colegas, entre gargalhadas sarcásticas, choros desesperados e vômitos terríveis. No final desse ano eu saí de casa, causando ainda mais dor para meus genitores.

Minha vida em crise

Seguiram-se os anos...

Estamos em 1972. Eu havia me tornado um delinquente assumido, desordeiro imprevidente e alma extremamente viciada nos prazeres da vida, além de continuar cometendo as arruaças habituais e de participar de assaltos à mão armada.

Fiquei sabendo que minha mãe estava muito doente, acamada há quatro anos, e que havia pouca esperança de sua recuperação. Enchi-me de coragem, vencendo o medo da reação do meu pai, e fui vê-la.

Aproximei-me lentamente da minha antiga casa, sendo observado pelos olhares dos vizinhos da rua.

Alguns, inclusive, entravam em suas residências com o olhar inquiridor. Senti-me constrangido, mas fui adiante. A porta estava entreaberta, como se alguém tivesse passado e esquecido de trancar – meu pai tinha este costume.

Entrei. Na sala, alguns parentes surpreenderam-se com minha presença, mas nenhum deles veio falar comigo. Quem falaria com a "ovelha negra" da família? Tudo estava cuidadosamente no lugar. Parei diante de uma antiga foto da nossa família, recordando-me daquele momento de paz. Avisaram ao meu pai, que veio ao meu encontro muito bravo. Tocou em meu ombro, me assustando, e com a voz ríspida gritou:

– O que você deseja, seu ingrato? Que obra dos infernos quer nos legar? Já não basta a dor causada ao meu coração? Já não basta a morte quase certa da sua mãe, que desgostosa entregou-se à doença por sua culpa? Você agora quer ver o que sobrou de nós? Suma daqui e nunca mais volte! – Ordenou-me com o dedo em riste, apontando a direção da rua.

Sem sentir remorso algum e com um ar de superioridade falsa, argumentei:

– Pouco me importa o que você pensa, velho! Não lhe peço perdão, porque fiz o que quis. Estou em paz com a minha consciência, entendeu? Quero ver a minha mãe apenas. Posso?

– É, disse muito bem: você fez o que quis. Agora eu faço o que devo. Você foi embora sorrateiramente à noite, deixando sua mãe e eu em profunda agonia. Em nenhum momento você pensou em nós! Aliás, alguma vez pensou em nós? Você partiu sem deixar rastro algum, sem perguntar se iríamos sofrer. Agora, como disse, faço eu o que devo: suma daqui, senão eu te mato!

Com os olhos marejados, sabendo, no íntimo, que ele tinha razão em externar tanta revolta, não me abalei e perguntei se ela estava morrendo, e ele me respondeu com muita tristeza, com a voz embargada:

– O que acha? Morre como pássaro preso por mãos cruéis, como as suas. Morre sem esperança. E você é o único culpado de tamanha desgraça!

Passei por meu pai, que não me ofereceu resistência, e fui em direção ao quarto de casal. Abri lentamente a porta e lá estava ela, prostrada ao leito. Seu semblante era de desgosto. Sentei-me ao seu lado, e segurando em suas mãos, observei seus olhos fechados, que lentamente se abriram para me ver, como que sentindo minha presença.

Com o olhar de rara alegria, em voz trêmula, ela disse:

– Filho meu! Amado filho do meu coração! Que bom que você voltou para o nosso lar! Deus, Nosso Pai, atendeu às minhas preces. Posso agora morrer em paz.

À porta do quarto, meu pai, que nos observava, gritou:

– Ingrato! Ingrato! Você é uma tortura para todos nós! Veja como sua mãe se encontra!

– É o nosso filho – retrucou minha mãe, com a voz muito cansada.

– Ingrato ou não, é o filho do nosso amor. Nós o geramos, Deus nos deu este filho como presente dos céus! É um filho de Deus! Olha para ele, homem... É uma alma pedindo abrigo.

Segurando minha mão, ficou calada por um instante, e continuou:

– Filho, meu filho, me perdoe. Eu não compreendi os seus

desejos loucos. Sim, são loucos, mas são seus. Permita que eu parta com o seu perdão.

Fechei os olhos em pranto silencioso e disse angustiado:

– Perdoar? Não posso fazer isso, porque sou eu o culpado por sua dor. Sou eu quem deve pedir perdão. Se você morrer, eu vou sofrer muito. Eu te amo tanto, mamãe.

– Chega! Cale a sua boca, seu insano e cruel! – gritou meu pai. – Eu te proíbo de falar com ela.

Disse isso me agarrando pelo braço e me levando até a rua, arrebatando-me com gritos de acusação.

– Louco! Você está matando a sua mãe, e ainda vai me matar também! Viciado, pobre alma, filho de Satanás! Eu te mato, se aparecer aqui de novo.

Usei de palavras rudes também e parti aflito pela rua. Apreensivo, vaguei até sentar num banco de praça. Enquanto as palavras de meu pai repercutiam em minha mente, mais raiva tinha dele e de mim. Chorei ao pensar no sofrimento de minha mãe. Acabei dormindo naquele banco, mas não por muito tempo. Um policial veio me acordar sob a força de um cassetete.

– Some, vagabundo! Seu lugar não é aqui. – ordenou o policial.

Levantei e fui rever meus comparsas de vícios. Voltei para minha rotina de arruaças, maconha e roubos... Os meses foram passando...

Resolvi rever minha mãe numa outra tentativa corajosa. Entrei na casa, um cachorro veio me assustar e vi alguém estranho à porta.

– O que você quer, seu vadio? – perguntou um homem maduro, vestido de pijama.

– Quem é você? Onde está o meu pai? – perguntei assustado.

– O antigo dono foi embora há algumas semanas, cheio de dor e tristeza. Retornou para a cidade onde nasceu, após a morte da esposa. Vou começar a pintar a casa para morar aqui em breve.

– Morte? A esposa dele morreu? – perguntei, sentindo espanto e dor ao mesmo tempo.

– A mulher adoeceu de desgosto. Você é o filho ingrato que matou a mãe? Se for, é melhor sumir daqui! Detesto gente ingrata, especialmente filho ingrato.

A notícia me fez cair num abismo sem fim. Senti-me inundado de indescritível dor e chorei, caindo de joelhos no chão da calçada. Fui abruptamente sacudido por água fria.

– Ah! Agora você chora a morte da sua mãe? Por que não pensou antes nos seus atos? Você é um miserável! Suma daqui.

Levantei-me indignado, mas sem forças para reagir. Molhado, sob os olhares dos outros, parti sem rumo, em estado de pranto e dor. Percorri as ruas por horas, chegando à casa onde me albergava com os meus companheiros.

O tempo, porém, foi cruel comigo. O uso constante da maconha acabou me incentivando a consumir cocaína, além de me tornar um alcoólatra contumaz. Os meus "ganhos" com os roubos não supriam a ferocidade dos meus vícios.

Por algum tempo fui obrigado a pedir esmola. Afinal, era mais fácil pedir que arrumar um trabalho. Essas lições, porém, não contribuíam para que eu modificasse meu comportamento. Continuava egoísta, orgulhoso, rancoroso e presunçoso.

Trágico reencontro

Há muito tempo eu não tinha notícias do meu pai.

O tempo foi implacável comigo. Era junho de 1980 e eu estava com 30 anos, mas não possuía, nem de longe, a fisionomia de uma pessoa normal. De cabelos longos e maltratados, roupas sujas e rasgadas, caminhava pelas ruas da cidade, sem rumo.

Era um trapo humano. No entanto, ainda repassava e consumia maconha e cocaína, levando outros tantos a fazerem a mesma coisa que eu. Mesmo na miséria, ainda era útil para o tráfico.

Quando o sono chegava, era o álcool, o "combustível da ilusão", que permitia que eu e meus comparsas espirituais pudéssemos, então, manter mais forte a viciação.

Vivia subjugado às inteligências infelizes que me vampirizavam, sendo um instrumento fácil nas mãos dos meus afins. Não sei quantas vezes fui preso e fugi, vivendo na marginalidade, no crime, sob o risco de morrer e matar constantemente.

Certa vez, matei uma das minhas mulheres, porque ela sabia muita coisa sobre mim e poderia me entregar aos policiais. Era um homem frio e egoísta, que acreditava na submissão dos outros, que deveriam fazer a minha vontade sempre. Soube, depois que despertei para a Luz, que um dia irei me reencontrar com ela e com tantos outros, para me redimir dos meus erros.

Passaram-se mais dois anos, e era primavera de 1982. Eu e mais dois comparsas estávamos caminhando com muito cuidado, por uma rua esquisita de um bairro popular, com medo de sermos reconhecidos. O plano era fazer uma limpeza geral em umas casas que tinham aparelhos elétricos. Com a venda do roubo iríamos comprar mais drogas. Afinal, assim é a vida de um viciado.

Um dos meus "amigos" veio me avisar que tinha avistado um "velho" aguardando o ônibus e parecia que ele tinha alguma quantia, pois segurava com muito cuidado um tipo de bolsa. De imediato senti uma vontade de recuar. Logo eu que não perdia uma parada dessas estava engatando a ré? Pois é, de repente, senti um desânimo, uma vontade de não desejar fazer o mal. Contudo, meus companheiros me estimulavam, alimentados, por sua vez, por espíritos infelizes como nós.

Recordo-me que naquele dia amanheci saudoso, pensando nos meus pais. Minha mãe morreu de desgosto por minha culpa e meu pai havia desaparecido da minha vida há anos. Apesar dessa sensação estranha, aceitei o convite nefasto.

Eram aproximadamente 21 horas, quando avistamos o homem solitário sentado no banco de parada de ônibus. Fomos nos aproximando dele, como se não desejássemos nada. O velho, desconfiado, usava muletas para andar e se apoiar. Senti pena de imediato, mas não tive tempo de adiar os planos. Num golpe só, um dos meus "amigos" se atirou sobre o homem, empurrando-o, e aos gritos ordenou que eu pegasse a bolsa e um pacote que ele carregava.

De repente, me senti tomado por um sentimento de piedade pelo "ancião" indefeso, pedindo para que parássemos com aquele ato de violência.

– Vamos embora! Deixa o cara prá lá! Isso não vai dar certo!

– Cala a boca, Luís! Tá com medo agora? Ele nos viu e pode nos reconhecer. Precisa morrer! – gritou Carlos, meu comparsa.

– Não! Deixe-o ir embora! Vamos pegar o pacote e nos mandar daqui. – retruquei preocupado e ansioso.

Naquele momento, Carlos sacou uma faca do bolso da calça e golpeou o velho no abdome.

– Não! – gritei.

Gritei tão alto que parecia que era em mim que a faca perfurava.

Não sei como aconteceu, mas naquele instante vi uma luminosidade na minha frente, como uma visão. Envolta em luz, percebi, assustado, com dor e remorso, que era minha mãe.

Sob mecanismos que desconhecia, sem entender o que estava se passando, olhei para o homem que se esvaía em sangue nos meus braços. Carlos e Valfredo haviam corrido com o pacote, me deixando sozinho. Virei o corpo que tremia com cuidado, reconhecendo, para minha surpresa e desgraça, no rosto envelhecido e sofrido, a fisionomia do meu pai.

Uma profunda dor invadiu meu peito, como se eu estivesse perdendo as forças. Os olhos de meu pai banhados de lágrimas procuravam os meus, reconhecendo algo de familiar no meu rosto transfigurado pelas drogas. Com a voz trêmula, mas com aquela mesma firmeza de sempre, disse:

– Filho, por que você fez eu me sentir tão infeliz? Por que me deixou assim? Eu sabia que um dia você iria me matar!

– Pai, meu pai! – minha voz embargava.

Neste momento, uma mão tocou-me suavemente nos ombros. Era minha mãe me dizendo:

– Agora ele vai comigo. Deus lhe abençoe, meu filho. Sempre quis te avisar, te aconselhar, mas você nunca me ouviu. É chegado o momento de recomeçar, mas sob novas condições. Confie em Jesus e você vencerá.

Olhei para meu pai e vi os olhos se fechando lentamente. De repente, ouvi gritos, sirenes, além de perceber que muita gente vinha ao meu encontro. Quis fugir, mas algo me deteve, talvez minha consciência.

– Peguem o ladrão, ele matou o idoso! – gritou uma das pessoas.

Senti que braços truculentos me pegavam, e sob tapas e empurrões fui colocado numa viatura. Minutos depois, estava trancafiado numa cela fétida na delegacia. Ao lado de outros ladrões e assassinos fui jogado. Eles me olhavam com tanto ódio, que eu tinha receio de encará-los.

Algumas horas haviam se passado e a notícia já tinha se espalhado como pólvora. Um dos presos, com uma voz que parecia ter o peso de uma navalha, comentou:

– Você é um infame! Matou o próprio pai! Vai morrer aqui, meu chapa! Você vai morrer bem devagar!

– Vai morrer aqui mesmo! – disse outro.

Como afins se atraem, meu olhar de revolta não se mostrava submisso à vontade deles. Não tinha mais nada a perder, e os encarei com o olhar carregado de mais ódio ainda.

– Tentem me matar, mas façam direitinho, porque no primeiro cochilo de vocês eu arranco a cabeça de cada um, seus filhos da mãe. – Afirmei convicto, numa tentativa de me proteger.

E o tempo foi passando... Enquanto estava preso, ouvi palavras sarcásticas, promessas mortais, gargalhadas cruéis e risos irônicos. Não conseguia dormir e era comum ouvir vozes me chamando de assassino. Quem me acusava? Só podiam ser mesmo os "anjos de Satanás"! Mas eu não havia matado meu pai. Estavam me acusando de algo que, na realidade, eu não havia feito. Contudo, como quem anda com porcos farelos come, acabei sendo acusado.

Fui transferido para a penitenciária, onde aguardava pelo julgamento. Nenhum parente veio me visitar. Junto com outros "condenados", com mais ódio do mundo e de todos, fui ficando cada vez mais violento.

Minha fama de perverso havia me rendido inimigos por todos os lados, e boa parte dos presos e dos policiais da carceragem me temia. Afinal, um homem que teve a coragem de "matar" o próprio pai não teria nenhuma dificuldade de matar qualquer outro, assim eles pensavam. A fama havia me dado destaque entre os outros miseráveis.

Em 1983, sob forte influência dos demais, querendo fugir ou talvez com um desejo íntimo de morrer, liderei uma rebelião, colocando fogo nos colchões da cela. Fumaça, gritos, violência. Alguns carcereiros corrompidos facilitariam a fuga. As celas foram abertas e as correntes arrebentadas. As de alguns, é claro.

Corremos todos em várias direções. O alarme foi acionado e de todos os lados as balas atingiram os infelizes. O pânico se estabeleceu e o cenário era de terror. Fui vendo corpos caindo, outros sendo arrastados e mais tantos feridos. O plano havia tomado proporções maiores e outras facções dentro do presídio estavam se aproveitando da fuga para matar os líderes das gangues rivais, entre eles, eu.

O caos estava instalado. Os policiais chegavam para controlar a rebelião, mas os tiros vinham de toda parte. Gritos, estrondos... De repente, senti um impacto. Olhei em minha volta e percebi que tudo parecia escurecer. As vozes e os gritos estavam se distanciando. Coloquei a mão sobre meu peito e senti o sangue escorrer pelos meus dedos. Caí de joelhos, vendo alguns dos meus comparsas tombarem junto comigo. Havia morrido, enfim.

Uma nova realidade

A morte não me afastou do meu corpo. Logo que me observei fora dele, fui sacudido por um grande temor. Sentia-me vivo, mas estava morto. Comecei a achar que o inferno realmente existia, como eu havia aprendido nas aulas de evangelização na Igreja Batista.

Vi meu corpo ensanguentado e pessoas correndo de um lado para o outro sem direção, pisando em cima dele. Confesso que eu não sabia distinguir quem era realmente vivo ou morto naquele cenário de desespero. Os rebelados "mortos", ao se verem diante de uma nova realidade, credenciavam a mim a fatalidade. Saíam de seus corpos e tinham as chagas abertas, ensanguentadas.

Entre espantados e revoltados, vinham em minha direção.

De repente, porém, uma criatura alta, aparentando ser um chefe ou alguém que mandava diante daquele caos, com fisionomia humana, mas num corpo de um grande animal, tipo um camelo, ordenou aos seus:

– Prendam todos! Não deixem ninguém escapar! Fiquem atentos aos enviados da Luz!

E, olhando para mim, disse:

– Bem-vindo, infeliz! Prendam este aqui, especialmente. O pobre diabo foi evangelizado! Vejam no que deu! Onde está agora o seu Cordeiro? E olhando bem nos meus olhos, sarcasticamente gargalhou.

De todos os lados se aproximavam outras criaturas disformes, horrendas, meio-gente, meio-bicho, com grandes mãos, tendo os dedos pontiagudos, os pés tortos e um odor detestável. O líder de espantosa ação gritou, dando gargalhadas:

– Agora vocês verão o nosso rei!

As paredes físicas do presídio foram desaparecendo lentamente, e dentro de poucos segundos observei que o cenário era outro. Como num cortejo de almas infelizes, fui levado ao lado de outros condenados, como preso, amarrado por algemas invisíveis, por um local que pode ser visto apenas em pesadelos.

Nossos pés arrastavam-se em fétido lamaçal, semelhante a um horrendo pântano. Seguíamos por entre vegetação escura, vagarosamente. Aves sombrias, talvez pré-históricas, faziam voos rasantes. A escuridão era assustadora, rompida por raios que mostravam as densas nuvens, seguidos por fortes trovões, que anunciavam a chegada de uma grande tempestade.

Nós, os condenados, caminhávamos entre curiosos e assustados. Uns estavam nus, outros com poucas vestes e alguns, como eu, com roupas sujas e rasgadas. Nossos corpos ainda tinham as feridas abertas, mas agora sujos pela lama.

Com pés e mãos acorrentados, seguíamos o lastimoso percurso. Ao nosso lado, seres alados ordenavam que fôssemos mais rápidos. Quando isto ocorria, uns caíam, o que comprometia o caminhar dos demais. Sem piedade alguma, nossos algozes aplicavam chicotadas. Apesar dos choros e súplicas de alguns, os verdugos implacavelmente repetiam o castigo, seguido de risos e palavrões.

O pântano havia ficado para trás. Agora estávamos caminhando em terreno pedregoso e pontiagudo. Nossos pés se cortavam, o sangue escorria, a dor era imensa, mas seguíamos vivos, misteriosamente vivos. Cheguei a pensar que tudo era um pesadelo horrível e que iria acordar em breve. Mas não acordava. Meus pulmões doíam ao respirar o ar sufocante daquele ambiente. Sentia a bala dentro de mim e uma dor terrível percorria todo meu corpo.

As árvores não tinham folhagem, estavam secas. Nelas, abutres espreitavam-nos, como se estivessem aguardando que um de nós fosse deixado pelo caminho. Os breves instantes de silêncio eram interrompidos por gritos humanos de horror, mas não sabíamos de onde vinham.

Acredito que estávamos caminhando por algumas horas. Estava sedento e faminto. Porém, me faltava coragem para fazer qualquer pergunta, apesar das dúvidas que surgiam na minha mente. Onde estava? Cheguei à conclusão de que estava no inferno.

No caminho, paisagens sombrias compunham a infeliz

região. Depois de muito caminhar, chegamos exaustos a um local que, para melhor descrever, comparo a uma grande prisão fincada na rocha, feito um castelo medieval circundado por um abismo.

Atravessamos uma ponte e ficamos aguardando o portão ser aberto. No céu, raios rosas e brancos clareavam a constante noite. E, olhando para o céu, vendo a beleza dos raios, um dos seres que nos acompanhavam alertou a tropa:

– Avante! Os seres da Luz aproximam-se em suas caravanas. Não podemos perder nenhum desses!

O portão foi aberto e entramos, vendo ao longe o céu escuro se iluminar pelas luzes que, semelhantes a estrelas cadentes, rasgavam a tenebrosa noite.

O líder da sinistra caravana gritou:

– Não olhem para o céu! Vocês estão mortos e não adianta ficarem esperando a vinda do Cordeiro. Aqui ele não entra!

E sarcasticamente pronunciou:

– Sejam bem-vindos ao inferno!

Já tinha noção de que havia morrido. Não era tão bobo para não perceber aquela situação. Estava confuso, porém, com aquela sensação horrível. Desejei pensar em minha mãe e em meu pai, mas uma força mental poderosa não deixava. Os pensamentos estavam confusos em minha mente. No entanto, um desejo de vingança ardia dentro de mim. Mas me vingar do quê? De quem? Tudo estava confuso. Tudo...

Enquanto alimentava dúvidas, preso por sensações incomuns, cheguei, junto com os outros, a um descomunal salão. De lá, descemos por escadas que pareciam não ter fim, agigantando-se num precipício.

Gritos e risos, além de vozes que pareciam sair das paredes nos acusavam de assassinos, ladrões, pervertidos... Um dos seres estranhos que nos acompanhavam ordenou que parássemos. Olhei para o alto e percebi que estava bem abaixo da superfície, cerca de uns 300 metros.

De repente, uma voz estridente se vez ouvir:

– Filhos do ódio, quem fala é o rei deste lugar. Portanto, vocês são meus súditos. Serviram bem aos nossos propósitos enquanto estavam na carne[1], levando desespero, morte e dor aos que se colocaram no nosso caminho. Bem ou mal, covardes ou corajosos, fizeram o que sugerimos pelas vias mentais.

– Hoje, recebemos vocês de volta ao nosso miserável mundo, onde jamais terão acesso à Luz. É bem verdade que todos vocês são também esperados pelo Nazareno. Mas Ele os abandonou. Vocês morreram para o mundo e nenhum dos emissários celestes veio buscá-los, nem mesmo aqueles que os amaram na Terra.

– Na cruz, Ele disse que apenas o "bom ladrão" estaria em Seu reino. Como vocês não são bons ladrões... (risos). Eu, porém, o verdadeiro rei, quero oferecer-lhes mais que o Nazareno. Eu luto, ao lado de todos que aqui vivem, pelas glórias reais: a riqueza, a luxúria, o poder... Tudo que vocês buscaram na Terra e lhes foi negado terão aqui. Vou lhes dar a vida eterna, repleta de gozos sem fim. Mas, para que isto se concretize, é necessário obedecer às minhas ordens. Quem transgredir as regras será entregue às mais odiosas prisões e ficará lá para todo o sempre.

[1] **Estar na carne:** estar vivo, encarnado, ou seja, uma alma ou espírito que ocupa temporariamente um corpo humano que, posteriormente, irá desencarnar e reencarnar novamente, quantas vezes forem necessárias.

Fez ligeira pausa e prosseguiu:

– Quero o mundo aos meus pés e terei isto, em breve, com a ajuda de vocês. Hoje, cansados e combalidos, retornam a este ambiente. Vocês não morreram para sempre, apenas seus corpos. São espíritos e vivem agora para poder atazanar aqueles a quem odiamos.

E com a voz mais estridente gritou:

– Eu vou libertá-los do jugo do Messias. Ele, o falso rei, tentará enganá-los, mas vocês resistirão. Agora eu posso! Agora eu quero! É assim que iremos vencer os filhos da Luz. Vocês, ao meu lado, conquistarão o mundo, e juntos seremos os verdadeiros herdeiros da terra prometida. A terra com dinheiro, sexo a todo instante, poder, vingança...

– Eu sei que vocês estão loucos para se vingar daqueles que lhes prejudicaram. E irão, eu prometo! Por hora, vocês deverão ficar aqui, presos, para que o Cordeiro não venha roubá-los de mim. Quem ceder aos apelos Dele pagará até o fim dos séculos. Agora vão! Durmam e amanhã eu voltarei a falar com vocês.

Gritos de glória, palavras de saudação foram ouvidos em tom alto, nos assustando. Como que envolvido pelo clima, também comecei a seguir as frases ditas, compartilhando daquele cerimonial. Como ele havia ordenado, comecei a sentir um sono irresistível. Fomos levados aos quartos coletivos, onde mais de 300 camas estavam dispostas lado a lado em fileiras de dez. O prédio abrigava aproximadamente 3 mil pessoas, entre homens e mulheres.

Acabei dormindo feito uma pedra. Tive um sonho no qual pude recordar parte da minha infância. Nele, não pude ver meus pais, apesar de desejar muito e senti-los perto de mim. Mas o sonho era muito confuso e um misto de revolta e saudade invadiu minha mente.

Não sei por quanto tempo havia dormido, mas sabia que dormiria mais. Fomos acordados com um grito de ordem. Misteriosamente estávamos todos vestidos com uma bata negra. Quem havia nos vestido? Era mais uma dúvida que precisava de esclarecimento.

Descalços, fomos levados ao pátio principal, que ficava no piso superior, onde uma grande multidão se formava no auditório. A fome havia passado e aquilo me intrigou. Seres esquisitos voavam sobre nossas cabeças, outros se arrastavam, como se estivessem paralíticos, e alguns gemiam, muitos declarando testemunhos de ódio a Deus.

Eu conseguia entender pouca coisa, mas também proclamava palavras de baixo calão. Aprendi na vida a fazer muita coisa que outros queriam. Foi isso que me prejudicou também. Acompanhei a maioria e gritei contra Deus.

De repente, parou o tempo. Tudo ficou em silêncio. O que era aquilo? Nem o vento frio que soprava pelo salão continuou. É como se o tempo tivesse parado de fato. Como seria possível aquilo tudo? Será que estava sonhando ainda?

Pancadas fortes no solo começaram a ser ouvidas, como se um grande animal, tipo um dinossauro, estivesse se aproximando. Nossa expectativa aumentava e o sinistro barulho também. Do escuro abismo que circundava o castelo, entrando pelo salão, apareceu uma gigantesca serpente, cuja cabeça tinha fisionomia de um ser humano masculino, com os olhos vermelhos e sangue nas presas. Em sua boca, pude observar, apavorado, que partes de corpos humanos estavam penduradas. Um grito de pavor ecoou pelo ambiente:

– Calem-se, malditos! – dizia a horrível criatura, nos circundando e deixando-nos assustados.

De olhos petrificados, mas seduzidos, ficamos calados, diante da ordem.

Depois de alguns segundos, a serpente recomeçou a falar sobre um plano que os espíritos superiores estavam executando para resgatar os caídos da Terra. Após as críticas feitas aos esforços do bem, entre risos e gritos pavorosos, concluiu:

– Vocês ficarão aqui por longos séculos. Um dia, porém, a Lei os evocará e retornarão à carne. Lá, mesmo com a oportunidade da vida física, concedida pelo suposto Criador, vocês servirão aos nossos propósitos, e eu os monitorarei. Vocês estão em mim e eu estou em vocês para sempre. Conheço a todos e sei dos mais secretos pensamentos.

– Sei dos delitos e crimes que cometeram, suas saudades, seus sonhos e desejos. Seus pobres e podres corações são meus. Eu reconduzirei cada um à Terra, sob a proteção dos infernos, para continuarem a perseguir, maltratar e matar, espalhando a corrupção, o sexo, o ódio e as drogas a um número cada vez maior de homens, trazendo para mim os escolhidos do Cordeiro, inclusive.

Calou-se por um minuto e continuou:

– Por hora, vocês se dedicarão noite e dia aos propósitos individuais de vingança. Sigam os instrutores e aprendam a devolver em dobro todo o desprezo que o mundo teve por vocês. Não se deixem penetrar pelos invisíveis e astutos soldados da Luz. Se cederem, eu vou atrás de vocês até o fim do mundo e prometo persegui-los eternamente, se me traírem.

Ao fim da breve e assustadora reunião, fomos levados em

grupos às salas escuras, iluminadas por tochas que estavam penduradas na parede, semelhantes às que existiam em castelos medievais. Sentamos e começamos a receber as orientações sobre os planos daquele dia em diante.

O plano de vingança

Durante os dias que se seguiram, fomos levados em grupos, separados pela afinidade fluídica e pelos propósitos de vingança, a exposições assustadoras. Em uma sala ampla, com a luminosidade apenas das tochas, um homem de aproximadamente 40 anos, com fisionomia austera, iniciou a palestra.

Começou nos pedindo para que relembrássemos os responsáveis pelas desgraças e misérias humanas. Percebendo que as diversas formas-pensamento[2] que

[2] **Formas-pensamento:** considerando que toda e qualquer ação e todo e qualquer pensamento ficam registrados na memória vital do espírito e no éter-cósmico, podem-se caracterizar as formas-

emitíamos não conseguiam alcançar uma definição mais clara, ele mesmo apontou o dedo para uma parede, de onde uma tela, feito cinema, apareceu diante dos nossos olhos. Imagens de pessoas ricas em altos divertimentos, gastando dinheiro, bebendo muito, se corrompendo, e políticos trapaceando, dentre outros, causaram revolta em uns, satisfação em outros e indiferença nos demais.

Observando nossos semblantes, o instrutor austero falou:

– Estas pessoas, apesar de pousarem como boas para a sociedade, criaram um sistema de administração público, econômico, social e cultural que os levaram a cometer os crimes. São inocentes por fora, mas culpadas por dentro. É claro que sempre estimuladas por inteligências como nós, igualmente perversas.

– Porém, é preciso que sejamos bem claros – e aí eu percebi que ele agia com ironia – se vocês são espíritos desprezíveis hoje, é por causa da indiferença delas diante dos sonhos e desejos de realização de cada um de vocês. Elas conquistaram tudo. E vocês? Nada! Elas roubam, matam, se pervertem e nada acontece com elas. Só com vocês!

Parou de falar um pouco e depois prosseguiu:

– Eu sei que alguns de vocês são fracos e não queriam ser tão ruins quanto são. Desistam! Aqui ninguém é bonzinho. Todos são miseráveis! E o ser miserável é o que nos importa! Esses que vocês

pensamento como concretizações de pensamentos. Por exemplo, se um homem, num ambiente de trabalho, sente inveja de um colega pelo fato de este se mostrar mais competente, mais esforçado e, portanto, mais solicitado e admirado, a inveja do primeiro "cria" no éter-cósmico uma forma-pensamento própria do sentimento. Essa forma-pensamento pode possuir forma física, como a de uma faca, de um homem morto, ou pode possuir forma indefinida, caracterizando apenas o sentimento pelo qual ela foi gerada.

veem na tela são cobras e ratos que agem de maneira sorrateira na sociedade humana depravada. Eles avançaram para ter tudo e vocês continuam sem nada! – Vocês roubaram tanto, mataram tanto e não avançaram nada. Observem que alguns são juízes, os mesmos que decretaram suas vidas na prisão. Eles são bonzinhos para o mundo, mas iguais a vocês para nós. São tão porcos, tão nojentos quantos vocês! E que tal se vingar deles? Afinal, foram eles que deixaram vocês assim!

Um tumulto se fez, como que concordando com a orientação. O instrutor, porém, ordenou:

– Calem-se! É preciso se vingar deles também! Mas isso não é agora! Isso é para quando eles fraquejarem diante das nossas ordens! Quando um deles começar a ser tocado pelos espíritos da Luz, nós iniciaremos a atuação mais adequada, desestimulando-os a uma possível renovação moral. Por hora, é preciso que vocês se fortaleçam mais aqui.

Após pequena pausa, observando nossas dúvidas e inquietações, prosseguiu:

– Tenham calma! Não são eles que nos inquietam por hora. Temos um plano ainda melhor! Muitos deles podem despertar para a Luz em breve, avaliando se devem continuar ou não sob os nossos comandos. Mas estamos a postos e precisamos ficar bem atentos.

– Naqueles em que há a dúvida da honestidade, estimularemos ainda mais a corrupção. Naqueles que possuem leve sombra de rancor, estimularemos a discórdia... E assim por diante... E cada um de vocês tem função importante nisso tudo. Cada um de vocês tem algum elo com eles, seja direto ou indireto.

Observou-nos mais um pouco e prosseguiu:

– Só os tolos se vingam sem planejamento. Quem deseja se vingar com competência precisa ser estratégico. Podemos atacar diretamente, sorrateiramente, como pelos flancos, envolvendo nossas vítimas nas mais odientas obsessões. Nós podemos tudo! Lembrem-se do que disse nosso rei, Amanasak: "Quem fraquejar vai ser banido para as terríveis moradas das almas flamejantes".

Observando aquele homem abordar seus argumentos, percebi que ele apenas estava usando os fatos para nos estimular à revolta e não propriamente ao plano de vingança contra aquelas personalidades que surgiam na grande tela. Com muita inteligência, ele prosseguiu:

– E o que fez o Cordeiro por vocês? Nada! Para eles, os poderosos da Terra, o Crucificado deu tudo: riqueza, poder, juventude, glórias, gozos, liberdade! E para vocês? A morte! O inferno como morada! Mas Amanasak pode reverter tudo isso.

– Estes, que estão no poder, que acabamos de ver na tela, são apenas uma forma de estimulá-los à vingança. Mas existem outros, são os que mais nos interessam. Se forem fiéis às nossas ideias, prometo que vocês voltarão à Terra e terão muito mais poder, dinheiro, fama e prazeres que todos eles juntos!

Fez pequena pausa e prosseguiu convicto:

– Como eu disse, não são eles quem nós queremos destruir de fato! Eles não são problema nosso, pois já estão atuando livremente em nossa faixa, e como dizem: "já estão condenados a viver conosco para sempre"! – Não é esta a vontade do Criador? Deixar-nos para sempre queimando no inferno? Não foi Ele quem criou anjos e demônios para que sempre vivêssemos numa luta sem trégua?

– Quem nos interessa são os "ditos" escolhidos de Jesus que, apesar de serem bons e fraternos, caridosos e amorosos, têm a fé fraca e são pouco perseverantes. São milhões e milhões de almas prontinhas para serem pervertidas. Dizem seguir o Nazareno, mas diante das dificuldades da vida ou dos prazeres do mundo, afastam-se do Crucificado.

– Será pela fraqueza deles que iremos nos alastrar pelo mundo terreno. A maioria está inserida em alguma religião. Mas, como a grande parte das religiões da Terra é mais materializada que espiritualizada, cheia de ofertas de vantagens materiais, de adorações inúteis e contribuições financeiras para a conquista de um espaço no Céu, é muito fácil roubar as pobres almas dos altares.

Silenciou por alguns segundos e num tom mais grave prosseguiu:

– Temos de tomar cuidado, porém, com as casas espíritas. Um grande número delas reúne pessoas que são mais resistentes aos apelos das trevas, e a terapêutica que utilizam interfere diretamente em nossa falange. A simplicidade e humildade em seus ambientes, bem como a prática constante da caridade em diversas atividades, como as reuniões espirituais, são fatais para os nossos propósitos.

– Precisamos agir de forma cuidadosa, estimulando a vaidade, a discórdia, a intriga, o melindre, o cansaço e o poder entre eles. Mesmo que seus integrantes utilizem-se dos cultos do Evangelho no Lar, por exemplo, podemos reagir com mais carga, atacando seus familiares e amigos, contribuindo para a instalação da mágoa e do rancor. É atacando as famílias dos espíritas que iremos destruí-los. No entanto, não podemos nos esquecer de que os espíritas têm noção da vida além da morte e que são conhecedores de técnicas de diálogo capazes de causar baixas significativas em nossos tutelados.

Nova pausa foi feita. Em seguida, continuou:

– Muito bem, vamos começar, agora, o que de fato queremos com vocês! Pensem em alguém de quem vocês desejam muito se vingar. Alguém que ficou na Terra e que foi o responsável direto por sua desgraça! Alguém que tirou tudo de vocês! Pensem! Pensem! Pensem!

Júlio, um dos desgraçados que conheci, disse que odiava um ex-amigo que o havia entregado aos policiais, após uma tentativa de fuga. Enquanto ele falava, uma forma densa de energia saía de sua mente, criando uma imagem sobre sua cabeça que ficou visível para todos nós. A ideia plasmada era impressionante. Tinha até cheiro. Víamos em detalhes tudo que ele estava narrando. Aquilo era impressionante e assustador ao mesmo tempo. Com os olhos vermelhos de ódio, ele contava sua vida cheia de desgraças morais e seu fim trágico, envenenado na cadeia.

Em seguida, Antônio, outro companheiro de sofrimento, alegou que matou seu irmão mais novo, Marcelo, com um tiro na cabeça. Tudo aconteceu depois que seu irmão, amedrontado pelo chefe das drogas em sua cidade, entregou Antônio, que foi torturado pelos bandidos rivais. Ele gostava muito do seu irmão Marcelo, mas num estado de cólera, o assassinou, despejando toda a culpa e seu ódio num tal de Leão da Bola, o chefe do tráfico.

Quando chegou a minha vez, eu não conseguia me lembrar de nada. Então disse que não odiava ninguém.

Magno, porém, me repreendeu em voz alta:

– Você deve odiar alguém, sua besta! Lembre-se! Vamos

logo! Busque recordar quem foi o responsável por seu infortúnio. Recorde, espírito odiento, daquele que o iniciou. Lembre-se, agora, eu lhe ordeno!

Uma força maior que eu começou a agir. Ainda assustado e meio tonto, vi que de minha mente saía uma forma esquisita de névoa escura, que aos poucos formava imagens da minha vida jovial. Pude me ver adolescente, brincando com os meus colegas; vi meus pais jovens me ensinando; vi meus professores da escola. Em outra imagem eu aparecia jogando bola e soltando pipa. Vi também Augusto, um rapaz mais velho que eu, que era líder de um grupo de arruaças, fazendo-me uma proposta:

– Deixa este grupo de tolos evangélicos, Luís. Você é mais inteligente que todos eles. Você é mais esperto, mais ativo e mais poderoso. Junte-se ao nosso grupo e venha descobrir conosco novas emoções. Mulheres e dinheiro, muito dinheiro, esperam por você. Esqueça de vez a mesada mixuruca que seu pai lhe dá. Pense no poder que você terá ao meu lado. Um poder que nem o pastor da sua igreja tem. Pense na glória de ser livre, de ir para qualquer lugar sem pedir permissão a ninguém.

O tempo me fez escolher a opção de Augusto. As imagens projetadas estavam revelando-me algo muito mais forte que tudo isso. Revi os momentos em que entrei pela primeira vez na casa de Augusto. Percebi, naquelas cenas, que espíritos em formas desumanas coabitavam com ele, permutando interesses.

Como quem anda com porcos farelos come, pude rever minhas participações em bacanais[3]. Naquela época, experimentei,

[3] **Bacanais:** orgias, festas com muita bebida, desordem, tumulto.

sob a influência de Augusto, o álcool e as drogas. Revi ainda o choro dos meus pais ao saberem da minha vida desregrada, bem como também vi os risos de Augusto com as surras que eu levava.

Foi ele quem entregou uma carta anônima ao meu pai, dando conta do meu comportamento. Augusto havia planejado também com seus comparsas uma surra em mim, sem que eu soubesse, até aquele instante, quem tinha sido o responsável.

Revi Augusto visitando-me no hospital, depois da sova que recebi, fingindo preocupação comigo, mas na realidade muito satisfeito com o estado que ficou meu corpo. Foi Augusto quem entregou uma carta à polícia, por meio de um portador, informando do endereço onde nós nos encontrávamos para consumir drogas e fazermos "farras". Assisti ao momento em que os policiais chegaram ao local prendendo a todos, menos Augusto, que estava longe.

Foi ele quem invadiu a minha casa para roubar o pouco de dinheiro que meu pai tinha guardado, colocando alguns pertences meus próximos ao local onde estava a grana, dando a entender que havia sido eu o responsável por aquele roubo. Nas imagens, apareceu ele no enterro de minha mãe, dizendo para alguns, como fofoca, que eu tinha sido o causador da morte dela.

– Basta! – gritei, cansado.

– Que imagens são estas? De algumas, eu me recordo. Outras, jamais havia presenciado antes!

– As que lhe pertencem são suas. As que não são suas foram retiradas de Augusto, que neste instante dorme em quarto próximo daqui, recebendo orientações de um dos nossos.

– Mas que incoerência. – disse revoltado.

– Você deseja que eu odeie ainda mais e me vingue de um dos seus? – Que loucura é esta? – perguntei, atordoado.

Magno fixou os grandes olhos avermelhados em mim e perguntou:

– Ignora, pobre espírito, os laços que nos ligam? Sim, ele é um dos nossos, como você também, mas ambos se completam, e o ódio dos dois é o combustível, a energia que precisamos para fazer com que o mal possa se alastrar no entorno de vocês.

Após breve pausa, disse:

– Mas algo nos preocupa bastante. Hoje, mesmo sendo um dos nossos na Terra, ele vem recebendo ajuda do plano espiritual do Cordeiro. A filha é integrante de um grupo de jovens de uma casa espírita em São Luís. O caso dele se agrava, porque o amor da garota pelo pai infame vem neutralizando nossas influências.

– A menina tem proteção espiritual superior e os anjos da Luz vêm ajudando o miserável, que está tendo lampejos de remorso. Orações ao Cristo estão chegando com seus efeitos devastadores ao coração e à mente de Augusto. Nós não podemos deixar que isto se prolongue. Ele vem nos visitar quando dorme, por meio do sonho, porque ainda está ligado a nós devido às suas afinidades.

– Mas a fé da filha é muito grande e pode atrapalhar seriamente nossos propósitos. A garota é um espírito missionário e poderá fazer grandes trabalhos em nome do Ressuscitado. É isto que queremos evitar. Queremos mantê-lo tão doente moralmente quanto possível, para demonstrar à fedelha que o Cristo dela é impotente para salvar o querido pai.

Mais uma pausa foi feita e, em seguida, continuou:

– Você, caro Luís, será o instrumento que irá persegui-lo,

mentalizando os terríveis enganos, mantendo vivo o ódio por você. Irá, ainda, aproximar-se da filha que ele tanto ama, e irá estimulá-la à desgraça, do mesmo jeito que ele lhe fez quando era jovem.

– A garota ainda é virgem. Se conseguirmos também desmoralizá-la perante seus amigos e companheiros do centro espírita, o trabalho que será implantado em breve não terá êxito. Assim, conseguiremos evitar que muitos dos espíritos que estão sob nosso controle possam ser socorridos pelos enviados da Luz.

Parou um pouco e tornou a falar:

– Não estamos preocupados com ele especificamente, mas com a oportunidade que temos de ampliar a desgraça ainda mais. Se a filha cair nas teias da maldade, entregando-se aos nossos desejos, toda a casa espírita que ele frequenta, por acreditar na capacidade da jovem como uma grande missionária, cairá também.

– São espíritos bons estes que trabalham nesse centro espírita, mas igualmente imaturos e ingênuos. Não acha brilhante nossa ideia? Aí consiste nosso plano. Por meio da sua ajuda, da sua vingança, iremos trabalhar para fins reais – você se vinga do seu algoz e nós destruímos o celeiro de Luz que se fixa em uma região pobre de São Luís do Maranhão.

– No final, como recompensa, você verá Augusto humilhado, destruído, arruinado por sua vontade. Além disso, terá ganhado a confiança de Amanasak, nosso mestre. Poderá ter novas atribuições, como as minhas, promovendo a discórdia e o ódio entre os seres humanos.

Após as orientações, fui rever as cenas que marcaram a minha vida, como as farras que eu fazia.

capítulo 6 | *Uma chance para o perdão*

A filha de Augusto

O treinamento se prolongou por alguns meses, reforçando ainda mais meu desejo de vingança. Fomos informados de que os espíritos protetores do centro espírita que a filha de Augusto frequentava haviam reforçado as barreiras energéticas, buscando evitar situações que pudessem desequilibrar as atividades realizadas.

Quando estamos condenados a um aparente suplício eterno, o tempo nada representa. O que desejava era me vingar de Augusto, mesmo que para isso não passasse de um fantoche nas mãos de Magno e dos outros.

As palestras com Amanasak contribuíam para

o meu propósito. Habilidoso hipnotizador, o "homem-serpente" usava de uma eloquente oratória para nos convencer. Mostrava-nos imagens dos êxitos que teríamos nas estratégias de vingança. Fazia com que nos víssemos gozando a vida com toda a glória terrena: carros, sexo à vontade, dinheiro, poder, viagens, drogas... Tudo que eu apreciava.

Durante o treinamento, pelo processo de desligamento do corpo pelo sono, envolvia-me nos sonhos de Augusto, perseguindo-o constantemente, prometendo vingança. Saboreava a cada momento o gosto pela vitória que se aproximava.

Ao acordar, ele registrava as sensações provadas pelo pesadelo que eu provocava, bem como sentia uma aproximação muito desagradável, estimulada pelo meu padrão vibratório.

Augusto estava internado em hospital público, sob a guarda da justiça. O uso das drogas e do álcool havia destruído seu organismo, o que contribuiu para o surgimento de um câncer no estômago. Os médicos não tinham esperança de cura, já que a doença alastrava-se com muita velocidade, afetando todo o complexo do aparelho digestivo. Ótimo para mim, pois em breve poderia subjugá-lo[4] ainda mais.

Permutando com ele energias de baixo teor moral, Augusto dizia aos médicos e às enfermeiras que sonhava comigo. Mas, como o corpo clínico possuía pouco conhecimento sobre a complexa realidade espiritual, afirmava que tudo não passava dos efeitos da doença.

Travávamos mentalmente duelos ferozes e constantes trocas de insultos. Ele, com o olhar de pavor, esmurrava o vento, achando

[4] Subjugar: dominar, vencer.

que me socava. Pobre diabo! Para os enfermeiros, mais um paciente com sérios comprometimentos neurológicos.

– Você está perto da morte, miserável. – falava para ele, buscando intimidá-lo.

– Quando eu ficar bom, irei atrás de você até o inferno seu pulha, seu canalha, seu filho da mãe. – ele respondia em tom cada vez mais alto.

– A sua menininha será minha! Vou fazer dela o que quiser! Vou devolver em dobro cada dor que você me fez passar! Ela será minha! Só minha! – eu continuava provocando.

– Não vai levar minha filha com você! Não vai! Eu amo minha filha; ela é tudo que eu tenho. – dizia transtornado.

O infeliz, apesar de alucinado e totalmente vítima da minha influência, amava a filha e implorava para que eu não fizesse nada com ela, prometendo ir comigo, se eu a deixasse em paz.

– Leve-me no lugar dela, eu imploro! Ela é doce e inocente, e eu não tenho mais conserto!

Eu, porém, também totalmente hipnotizado pelos espíritos das trevas, não ficava sensível com o pedido de um pai. E o tempo passou... Após três meses de intensa interferência, Augusto estava muito debilitado, recebendo mais cuidados.

Tudo seguia dentro do plano organizado por Magno, que me informou que naquele dia a filha voltaria a visitá-lo. Ela estava viajando em tarefa missionária pelo centro espírita e não pôde acompanhá-lo com muita frequência no período.

– Prepare-se, Luís! É chegada a hora do ataque! Ela está cansada da viagem de semanas. Talvez esteja em condições para que possamos nos aproximar dos sutis tecidos da alma e impor o desânimo, uma das mais poderosas energias que utilizamos para destruir os protegidos da Luz. Mas temos de tomar muito cuidado! Esta moça é um espírito de alto conhecimento doutrinário. Não podemos nos deixar envolver pela sutileza de sua fala. Agora vá!

E, antes que eu saísse da sua sala, me alertou:

– Luís, não deixe que os espíritos de Luz lhe envolvam! Se você falhar, Amanasak terá você em seus dentes!

Era domingo, aproximadamente 15h, quando entrou no quarto uma linda moça de pele alva, esbelta e trajada de forma simples. Tinha nas mãos um cesto de frutas e um pacote. Sentou-se, beijou a testa do pai, abriu a bolsa e retirou dela um livro que parecia reluzir. Abriu o embrulho, era um bolo.

Observava-a em gestos simples, não me furtando a perder nenhum detalhe. Afinal, eu precisava estudar mais e atacar o inimigo com muita intensidade. Levantei-me e olhei para Augusto. Cheguei perto do seu ouvido e lhe disse nos escaninhos da alma, quase sussurrando:

– Hoje, ela será minha!

O pobre diabo assustou-se e começou a esmurrar o vento, fazendo-me ameaças:

– Saia daqui, seu infeliz! Não toque na minha filha! Corram todos, a besta está solta! – gritava aflito.

A jovem se assustou com a atitude do pai, procurando socorro no corpo de enfermagem. Ainda continuava rindo do quadro "cômico" para mim, quando comecei a ouvir o diálogo da filha com o pai, que recebia os cuidados de uma enfermeira:

– Pai, em nome de Jesus, busque se acalmar. Sou eu, sua filha. Não se assuste!

– Suma daqui, Ana Maria! Vá embora. O diabo quer lhe pegar! Ele está aqui, desejando vingar-se de mim. – dizia aos gritos.

– Ele é o Luís, um cara que eu fiz muito mal no passado. O peste morreu e agora quer me levar com ele!

– Calma, papai! Eu pedirei a Deus que nos proteja, amparando este espírito que está lhe fazendo sofrer. Tenho certeza que ele não deseja o seu mal, apenas está confuso, ausente ainda do amor de Deus. Um dia, ele e o senhor vão se reencontrar para aprenderem a amar. Não é lindo? Deus nos une sempre para o amor. – consolava o pai, em tom fraternal.

– Não, minha filha, ele deseja matar você! Fuja logo do alcance dele. O fantasma dele me aparece a todo instante, até nos sonhos. – falava com os olhos arregalados.

– Papai, antes de iniciarmos nosso lanche, vamos fazer uma prece, agradecendo a Jesus por tudo que temos e por tudo que somos, inclusive pela presença deste amigo espiritual, que o senhor acha que quer nos prejudicar. Vamos orar? Vai lhe fazer muito bem.

– Não quero vê-la sofrer, minha filha! E também não quero prece alguma para ele! É um porco!

– Feche os olhos, papai, e segure nas minhas mãos. Vamos orar assim: "Senhor das horas e do tempo, aqui estamos para lhe agradecer os dias que vivemos e a glória do amor eterno que nos oferece. Permita, Senhor, que as pétalas azuis, que caem da flor amorosa dos céus, penetrem em nossas almas em forma de energia, reforçando nossos propósitos de seguir os preceitos instituídos diante do 'amai-vos uns aos outros'. Ampara os que se odeiam, querido Pai, porque no final, quer queiram ou não, irão se encontrar um dia no seio do Teu Amor. Ampara meu pai terreno também.

Sabemos que ele errou, mas qual de nós não errou? Quem tem o direito de atirar a primeira pedra? Sem esquecer do nosso passado cheio de delitos e crimes, oferta-nos, querido Pai Celeste, a bênção do Perdão e permita que o espírito de Luís, que ele diz ver e ouvir, receba por meio de mãos invisíveis, a bênção de Jesus Cristo, nosso modelo, nosso guia. Assim seja".

Quando a jovem terminou de orar, presenciei algo admirável, mesmo ofuscado pela intensa luz que a envolvia. A enfermaria estava totalmente envolvida por uma luz serena. Recordei-me das orações de minha mãe e dos domingos na Igreja.

Uma força estranha havia me tocado naquele instante. Por breve tempo não me sentia tão perverso quanto acreditava ser. Do teto, caíam fachos de luz rosa sobre a moça e azuis sobre Augusto. Caí de joelhos e gritei pelo nome de Magno. De repente, me vi em meu quarto, apenas iluminado por tochas. Olhei em volta e me senti aflito. Meu coração batia aceleradamente. Ao me levantar do chão, deparei-me com Magno, assustando-me.

– Não temas a Luz, eu estou aqui! – disse com a voz firme.

– Não consegui me aproximar dele. Eu fracassei!

– Calma, Luís, os filhos da Luz usam dessas estratégias para nos vencer! Eles sempre desejam nos humilhar com isso. Acreditam que são os escolhidos do Senhor. Tolos, também cairão. São todos covardes! Nós somos mais fortes porque vivemos nas trevas e não precisamos de luz de cor alguma para sobreviver e manter nosso poder sobre os homens.

– Você viu o que se passou? – perguntei, aflito.

– Sim, vi. Mas não se impressione com isso! São efeitos de algo que não existe. Tudo ilusão criada por eles! Não creia que aquilo tudo seja real. É apenas para enganar os desprevenidos.

Parou de falar por um momento e recomendou:

– Mas agora descanse um pouco. Amanhã você recomeça com mais raiva ainda. Mas, preste atenção, não fique nervoso ao contemplar alguns efeitos dos enviados do Cordeiro. Se você falhar mais uma vez, a coisa poderá se complicar para o seu lado. Mantenha-se firme e não esmoreça.

– Quando alguém lhe oferecer preces, recuse imediatamente. Eles querem prender você! São lobos em peles de ovelhas. Escondem-se sobre o véu da caridade. Eles são tão imperfeitos quanto nós! Não ligue para nada. Ouviu?

Magno desapareceu da minha frente em névoas escuras, como um mágico. Eu, sem querer descansar, me dirigi ao auditório, onde assisti a uma palestra sobre como promover a discórdia no seio familiar. A expositora era uma mulher que abordava os crimes mais comuns cometidos em família, apresentando técnicas de como estimular o adultério. Naquele momento, a palestra foi muito motivadora para mim.

O Centro Espírita

Para melhorar meu desempenho diante dos enviados da Luz, mergulhei em mais informações sobre Augusto. Passava horas tendo acesso a mais detalhes que aumentavam meu ódio por ele. Na sala das visualizações, acompanhava as cenas que alteravam meu padrão vibratório, crescendo em mim um desejo ardente de vingança. Também estudei sobre as técnicas de socorro dos espíritos da Luz, buscando defender-me das prováveis investidas.

Nesse período, necessário para que eu pudesse me fortalecer para novos ataques, recebi a notícia que ele teria alta, apesar de seu estado debilitado. Um pedido da filha, com orientação dos advogados, fez com que a Justiça o liberasse para o tratamento em sua residência.

A jovem prometeu aos médicos que cuidaria do pai em casa, dando todos os medicamentos necessários. Apesar da juventude, Ana Maria tinha uma personalidade madura e centrada, demonstrando segurança e confiança em seus argumentos. Além disso, segundo ela, Augusto estaria mais próximo de outra terapêutica, a espírita, que seria utilizada de forma mais direta. Os trabalhadores do centro espírita fariam Evangelho no Lar diariamente, e a fluidoterapia[5] à distância contribuiria para minimizar as dores.

Estas notícias foram pessimamente recebidas por Magno:

– Não podemos perder tempo, Luís. Retorne imediatamente ao leito dele. Faça-se visível e o perturbe de um jeito que os médicos não autorizem a saída dele por um longo tempo. – ordenou.

E, para não perder o ensejo, concluiu:

– Ele vai morrer e você vai saborear o doce sabor da vingança! Mas precisamos dele no hospital, acamado, para demonstrar à filha que a fé dela é fraca. Se ele tiver alta, ela vai conduzi-lo a um tratamento mais intensivo no centro espírita.

– As idas dos espíritas para fazer o Evangelho vão contribuir para que ele se arrependa do que fez, abrindo-lhe a mente e levando-lhe ao remorso. Não queremos que isso aconteça. Precisamos que a filha sinta que as suas preces, que a sua tentativa de tratá-lo com as técnicas espíritas, falharam. Assim, sentindo-se desmotivada, vai diminuir a guarda, o que nos facilitará a investida.

Depois de rápida interrupção, continuou:

---

[5] **Fluidoterapia:** do latim e do grego, respectivamente: fluidu + therapeía, é o tratamento feito com fluidos: passes, irradiação, água magnetizada.

– Estamos intuindo um jovem muito bonito, que vem frequentando esse maldito centro espírita, mas que, apesar de sua vontade em melhorar, é presa fácil nas armadilhas do sexo. É um dos que se apoiam nas casas espíritas para tentar vencer os vícios milenares. Se não resistir aos nossos ataques, vai "nadar, nadar e morrer na praia".

– Ele é atraente, alto, de porte atlético e tem inúmeros envolvimentos sexuais com mulheres de todas as idades, inclusive as casadas. Se tudo der certo, se Ana diminuir seu ânimo, sua coragem, o rapagão vai aproximar-se dela e, intuído por nós, lhe dará seu "ombro amigo".

– Com o tempo e com a nossa influência, irão se enamorar. E pelo que conheço do rapaz, ávido por sexo, ela não vai resistir aos seus encantos. Será desonrada!

Nesse instante, Magno gargalhou sarcasticamente, como quem sentia prazer em promover a maldade. Depois, continuou:

– Se acontecer o que esperamos, os "amiguinhos" da jovem, considerada por eles uma missionária, irão se decepcionar com ela. Muitos abandonarão os trabalhos, deixando a casa espírita, desiludidos. Outros, ainda maledicentes, irão disseminar a calúnia em relação à moça. Ela, sentindo-se humilhada e sozinha, também vai se afastar. Então tudo ficará como queremos! Em pouco tempo, o centro espírita não terá condições de funcionar e fecharão as portas.

Fez breve pausa e prosseguiu:

– Pois é, Luís. A maioria absoluta dos religiosos na Terra apega-se aos ídolos, aos seus "líderes". Se eles caem, boa parte também sucumbe. Entre os espíritas também acontece isso. Não é raro observarmos que muitos só frequentam as casas espíritas porque lá têm fulano e beltrano que são "exemplos" para eles, motivadores natos para suas vidas, incentivadores das práticas da caridade e dos valores cristãos. No entanto, se esses "ícones morais" caírem moralmente, lá se vão os coitadinhos dos espíritas para o ralo! Sorriu sarcasticamente, continuando em seguida:

– Não podemos perder tempo. Ele tem de ficar no hospital. Ela precisa sentir que a sua fé não é o bastante. Faça o que puder para evitar que ele tenha alta. Estamos confiando em você. Não falhe!

Então parti para nova investida. Cheguei ao quarto numa noite chuvosa. Observei o corpo descansando. Ele, em espírito, estava preso ao envoltório carnal, como que inebriado, tonto, sob os efeitos de fortes medicamentos, bem como ainda envolvido por espíritos vampirizadores[6] enviados por Magno. Seus gestos eram lentos e espaçados. Augusto via outros espíritos, mas acreditava que tudo era um pesadelo. Todavia, quando me observou, apavorou-se de tal forma que retornou ao corpo, acordando a todos com um grito de pavor.

– Socooooooooooorrro!!! Ele está aqui, alguém me ajude! Ele veio me buscar. O espírito do diabo quer minha presença, ajude-me!

Ele olhava desconfiado ao redor, tentando me encontrar. Eu, como um bom capacho, me fiz visível para ele. Augusto ficou pálido. Os outros pacientes acordaram assustados e os enfermeiros vieram correndo em sua direção. Ele, porém, me vendo, disse:

– O que você quer comigo, maldito diabo?

[6] **Vampirismo:** [do húngaro "vampir" e do francês "vampire + -ismo"] – absorção dos fluidos vitais de encarnados e desencarnados por parte de Espíritos obsessores.

E com ironia eu respondi:

– Eu vou me vingar de você, Augusto. Sua pobre filha será minha vítima. Vou seduzi-la mentalmente e aos poucos será minha mulher. O que você acha disso, meu chapa? Você acha que ela irá resistir? Você está muito enganado, seu verme! Vou devolver em dobro cada gesto de perversidade que você fez comigo. E não adianta dar uma de bonzinho. Eu estou lhe aguardando, seu safado!

– Nunca! – gritou bem alto, agitando-se na cama, esmurrando o ar.

– Seu verme imundo! Você não vai...

Os enfermeiros entraram, amarrando-o na cama e aplicando-lhe uma injeção. Ana Maria, em trajes de dormir, que ali perto repousava num quarto com autorização dos médicos, entrou na enfermaria.

– Calma, paizinho, tudo isso vai passar. Foi apenas um pesadelo. Vamos orar a Jesus e pedir forças a ele.

Enquanto ela orava, com as mãos estendidas sobre a fronte de Augusto, vi que espíritos luminosos se aproximavam dele, impondo também as mãos sobre ele. A cena, porém, não me deixou sensível. Após a prece, me aproximei mentalmente de Ana Maria e comecei a intuir-lhe palavras de desânimo, sussurrando:

– Ele é um louco! Por que ajudá-lo agora? Ele abandonou sua mãe e você. Lembre-se dos momentos de sofrimento que vocês passaram. Seja corajosa e dê a ele a lição que merece. Você sabe que a Lei de Ação e Reação é para todos. Ele agora colhe o que plantou. Deixe-o sozinho. Lembre-se que sua mãe se entregou às drogas para poder sustentar você e foi vitimada pela sífilis. Lembre-se das dificuldades que sua pobre avó teve para criá-la sozinha.

Fiz um pouco de silêncio, para que ela absorvesse o que eu estava dizendo, e prossegui:

– Não peça alta para ele. Se você tirá-lo daqui, ele não terá os mesmos cuidados médicos e vai morrer em pouco tempo. Mas, se o mantiver internado, ele poderá viver mais, aproveitando o tempo para refletir sobre seus atos. Confie em mim. Sou eu, o seu anjo da guarda.

Ana Maria ouvia mentalmente minhas sugestões, que eram inspiradas por Magno no maravilhoso processo de transmissão do pensamento. Porém, seus conhecimentos sobre a espiritualidade, apesar de sua pouca idade, eram significativos. Ela abriu os olhos lentamente, levantou-se e foi até o outro quarto.

Eu fiquei observando o doente se acalmar sob os efeitos dos tranquilizantes. Ela retornou com algo luminoso nas mãos. Era um livro. Na capa estava escrito "O Evangelho Segundo o Espiritismo". Nada aconteceu até então. Sentou-se, orou e abriu aleatoriamente. E começou a ler. Não sei o que se passou, mas acompanhava sem ação, como se uma força maior que a minha, sem me constranger, estivesse me envolvendo. Não entendia, naquele momento, o que hoje compreendo:

– "Vinde a mim todos vós que estais fracos e sobrecarregados, e eu vos aliviarei..."

Enquanto ela lia, percebi que uma grande luz a envolvia por completo. Sua face se transformava. Não era mais a mesma moça. Parecia agora uma mulher madura, mais alta, muito mais serena e calma. Vi também que Augusto adormecia, tendo a proteção de "anjos", e que os espíritos que o estavam perturbando haviam sumido. Era apenas eu.

Terminada a leitura, ela fechou os olhos, como se me buscasse em processo mental, e começou a conversar comigo:

– Por que deseja me ferir, meu querido irmão invisível? Se você fosse meu anjo da guarda, não me recomendaria abandoná-lo e sim ajudá-lo, apesar de tudo. Afinal, a orientação do Mestre Jesus é que "façamos aos outros tudo aquilo que desejamos que nos seja feito".

Fez uma pausa, como quem busca mais concentração e prosseguiu bondosa:

– Que fiz contra você para merecer sua perseguição? Por um acaso não teve pai e mãe para amar? Eu não tive o amor dos meus pais, é certo, mas sei que devo fazer ao meu próximo tudo aquilo que eu gostaria que fosse feito por mim, pois assim falava Jesus.

– Eu quero ajudá-lo a sair desse mundo escuro e lhe mostrar outro mundo, onde a luminosidade nos abre as portas de uma nova vida, cheia de amor e paz. É provável que eu não seja digna de auxiliá-lo, mas rogo a Jesus e aos bons espíritos que eu seja um pequeno pirilampo a guiá-lo pelas veredas do amor. Eu apenas...

Eu a interrompi com um gesto bruto, afastando-me dela e voltando-me para o infeliz que dormia:

– Não quero a sua ajuda. – revelei-me.

– Quero que ele morra por tudo que me fez passar. Quero vê-lo na mais profunda miséria.

Ela, porém, me ouvindo mentalmente, continuou a me falar de um mundo melhor, onde Jesus era o maior dos servos, amando a todos com seu imenso trabalho de redenção.

– Disse-nos o Mestre que o Reino Dele não era deste mundo. Por isso, eu o convido a conhecer outro Reino, onde o Messias é a nossa maior fonte de amor e luz. Permita-me ajudá-lo. Quero ser apenas sua irmã em Cristo, que roga ao Pai da Vida a bênção de lhe servir também.

– Você é hipócrita! Pousa de boa moça, mas não passa de uma orgulhosa, vaidosa de sua bondade!

– Não quero forçá-lo a nada! Mas não vou permitir que você prejudique meu pai. Podemos crescer juntos, um ajudando o outro. Eu amo você, em Jesus Cristo, Nosso Senhor e Mestre!

Não entendia que força era aquela que vinha dela. Algo não me deixava ser mais grosseiro e violento. Ela, sentindo esse impasse, continuava bondosamente:

– Eles sabem que você não quer, no fundo, maltratar ninguém. Seus verdadeiros algozes o estão chamando agora, desejando puni-lo pelo simples fato de você desejar se libertar das algemas do ódio, da revolta, da vingança. Jesus, porém, não nos resgata dos vales sombrios passando por cima da nossa vontade. Se você quiser, poderá "dizer àquela montanha: transporta-te daqui para acolá, e ela se transportará", assim falava Jesus. Deixe-se envolver pelas bênçãos suaves do amor que redime os pecados.

– Eles vão me destruir, se eu não retornar com a missão concluída. Disse-lhe em pensamento, com medo.

Ela, por pensamento, muito mais solícita, prosseguiu:

– Ninguém destrói ninguém, meu querido irmão. Deus, nosso Criador, não deseja a infelicidade dos seus filhos, nem a sua, nem a minha, nem a do meu pai, nem de seus algozes. Jesus, o Grande Pastor, disse que nenhuma ovelha se perderia. Nós somos suas ovelhas, tanto quanto os espíritos que moram nas trevas dos sentimentos também o são.

– Você fala com a certeza de que eu posso melhorar. Retruquei com mais calma na voz.

– Deus tem um plano para as nossas vidas. Seja mais forte que as forças do ódio e se entregue às verdadeiras e únicas forças capazes de nos transformar: o amor e o perdão. Você é um ser de luz, criado por Deus para o amor e não para o ódio. Você teve pai e mãe, e deve saber o quanto é sofrido ficar sem eles. Se você amou seus pais, saberá do que estou falando.

– Você pede para que eu ame e perdoe aquele que me fez um monstro? Foi seu pai quem me fez assim. Não posso! Foi ele quem atirou a primeira pedra. Foi ele, por fim, quem me prejudicou.

Sempre carinhosa nas suas argumentações, ela continuou:

– Ele apenas o estimulou, mas você abriu as brechas do seu coração para as ilusões do mundo. Você não é apenas uma vítima, também é responsável. Tanto no amor, quanto na dor, somos todos responsáveis.

– Ele errou, concordo com você, mas o que fez você para impedir que ele continuasse errando em relação a você? Por um acaso eu permiti que você invadisse minha mente, estimulando-me a abandonar os propósitos de socorro ao meu pai?

– Observe a orientação bíblica que diz que tudo nos é lícito, mas nem tudo nos convém. Ele me fez sofrer, sim, mas eu entendi que todas as minhas dores, minhas lágrimas e meu sofrimento têm uma explicação. Não sou, portanto, vítima de meu pai ou sua. Sou responsável pelos meus créditos e débitos perante a vida.

– Eu não entendo por que ele dorme, enquanto eu não tenho paz! – comentei.

– Ele está melhorando e vai melhorar ainda mais. Não

estou em busca da cura física para ele, pois sei que a doença está destruindo todo o seu organismo. Rogo a Deus que lhe conceda a bênção do arrependimento, a capacidade de perceber que precisa perdoar e pedir perdão. – disse Ana Maria.

– Assim, quando ele tiver noção ao menos básica das verdades imortais, creio que ele estará pronto para caminhar em outra dimensão. E você, o que está fazendo para se melhorar também? Por que não aceita a ajuda dos bons espíritos? Por que resistir ao Amor de Deus? Eu percebo que você é um espírito que recebeu esclarecimentos sobre a moral de Jesus. Sendo verdade o que estou sentindo, não deixe que todo o bem que você adquiriu, por meio do conhecimento cristão, se perca no oceano da mágoa.

Tudo que ela havia dito me fez calar por alguns instantes, mas logo retornei com minha qualidade de espírito bastante revoltado.

– Suma daqui, sua guria infame! Ele será nosso, custe o que custar! E você não vai atrapalhar nossos planos. Não posso chegar para Amanasak e dizer que perdi.

– Mas pode chegar para Deus e dizer que venceu! Quem é mais forte: a criatura ou o Criador?

Não dei ouvidos. Cheguei próximo ao pai dela e pude perceber que ele estava travando uma batalha mental com outros espíritos perseguidores. Ana Maria, porém, mesmo diante da minha recusa, continuou:

– Eu irei descansar agora e meu pai ficará com as companhias que buscou durante a vida. Porém, Deus, que não desampara ninguém, vai ajudá-lo.

A jovem levantou-se e dirigiu-se ao quarto, saudando com gentileza os enfermeiros que ficaram dando assistência. Eu fiquei sugando as energias de Augusto, deixando-o cansado. Ao menos naquela noite eu não havia cedido.

No dia seguinte, porém, confesso que o cansado era eu. E não sei bem como isso havia acontecido. Observei a chegada de Ana Maria e dos médicos ao leito. Ela, com um beijo no rosto, acordou Augusto.

Apesar da crise da noite anterior, o infeliz recebeu alta médica. Como me sentia fraco, não tive forças para sacudir o enfermo, nem para impedir a saída dele. Mesmo assim os acompanhei, entre tonto e preocupado, imaginando a raiva e a decepção que Magno estava tendo de mim. Os médicos informaram à Ana a gravidade da situação.

– Foi um verdadeiro milagre a justiça liberá-lo para se tratar em casa. Sua fé é muito forte, minha filha. – disse o médico.

– Meu desejo é que seja feito por ele o melhor. Sei que Deus vai se encarregar de oferecer-lhe a paz que necessita. – afirmou convicta.

Depois de sair do hospital, um táxi nos levou para uma simples casa, num bairro pobre, onde a moça morava há alguns anos. A avó, também doente, dormia num dos aposentos. Augusto foi acomodado por Ana Maria em seu quarto.

Ele, constrangido, deitou-se, recebendo toda a atenção da filha e de uma vizinha que ajudava. A jovem, depois de deixar algumas coisas prontas, como o almoço, a casa limpa e as roupas lavadas, retornou para o trabalho de balconista, numa padaria localizada perto de sua casa.

O proprietário, um senhor bondoso, compreendendo a situação dela, a empregou, mesmo sendo tão jovem. Ana Maria estudava pela manhã e trabalhava à tarde.

O salário era pouco, mas a pensão da avó contribuía para que não faltasse o essencial. A casa era própria e a ausência de luxo, como televisão e aparelho de som, deixava a residência mais aconchegante.

Na entrada, um jardim simples, com uma bela roseira a exalar seu perfume. Relembrei minha infância na casa modesta dos meus pais. Quando tentei mudar de pensamento, buscando invadir a mente de Augusto para dominá-lo e provocar novas crises, senti-me mais fraco, sem forças para empreender meu intento. O que havia acontecido comigo? Eu não conseguia mais ter acesso à mente dele.

Sentado no jardim, quis me sintonizar com Magno, mas ele não me atendia. Meus pensamentos ficaram confusos, sem rumo. Resolvi ir à padaria onde Ana Maria trabalhava. Seu jeito gentil, sua forma doce de tratar as pessoas, o sorriso com que recebia cada um, a palavra sempre amiga aos que não podiam solucionar seus problemas sozinhos... Tudo nela era especial.

Pude ver o quanto ela era nobre e madura, apesar de tão jovem. Por que deveria destruir alguém que nenhum mal fazia ao semelhante? Quando me questionei sobre isso, senti a presença de Magno que, diante de mim, me fez relembrar com duras palavras o plano de vingança instituído pelos espíritos das trevas.

– Estamos observando seus momentos de fraqueza. Não seja covarde! Não vamos permitir que você aborte nossos planos. Se você falhar, seus pais sofrerão como nunca e você os verá para sempre num vale de dor eterna. Você quer isso?

– O que fizeram com meus pais? Que papo é esse de prender meus pais? – perguntei, aflito.

– Apenas para garantir que você não vai nos trair, resolvemos ir em busca de seus pais. Nós os encontramos. Eles estão presos. Se você falhar, eles irão para os vales sombrios. Vamos deixá-los ardendo nas chamas eternas, como eles sempre imaginaram ser o inferno, para sempre.

– Não façam nada com meus pais. Eu não vou falhar. Preciso de tempo. Não é fácil lutar com a Luz. Se vocês acham que é fácil, venham tentar, então. Se Amanasak é o rei, que reúna seus exércitos e invada a casa espírita que deseja destruir. Assim seria muito mais fácil e não precisaria de mim. – retruquei irritado.

– Não brinque com coisa séria, seu infeliz! Não queira ver Amanasak irritado.

Depois de breve silêncio, continuei:

– Agora ele se encontra em casa. O que faremos? Não percebe que ela é muito mais forte que eu?

– Ela é filha de seu algoz, e você vai acabar com ele e nos ajudar a destruí-la. Fixe-se nele e deixe de ficar brincando de espírito obsessor. Provoque nele convulsões, delírios, irritabilidade. Faça o possível para que ele não a deixe trabalhar, ao ponto dela pedir aos médicos que ele retorne para o hospital.

– Vamos infernizar a vida dela. Quando ela observar que o pai não tem jeito, que o tratamento espiritual está sendo inútil, vai se sentir cansada, abatida e esmorecida. Será nesse instante que o nosso plano começará a ganhar força.

Ele se foi, deixando-me com a responsabilidade de promover o desequilíbrio. Em casa, após retornar do trabalho, Ana Maria ficou com o pai, cercando-o com carinho e orações. No quarto, ao se aprontar para sair, observei uma luminosidade diferente.

Eram espíritos, que olhavam para mim com bondade. Eles me viam e eu também podia vê-los. Porém, tudo em silêncio. Eu não podia falhar mais! Se as trevas tinham um plano, os espíritos de Luz também deveriam ter, eu acreditava.

Depois de um café simples, iluminada por luzes que eu não sabia de onde vinham, beijou a face do pai, que estava sentado numa poltrona na sala, e fez uma prece por ele e por todos os seus algozes, inclusive por mim. Naquele instante, senti paz e vontade de chorar, mas resisti.

Ela, diante do espelho da sala, penteava o cabelo. Cheguei por trás e mentalmente comecei a dizer o quanto ela era bonita e sensual, apesar de tão jovem. Que aquele corpo poderia oferecer grandes prazeres e que ela teria muito dinheiro, se soubesse utilizar a beleza que possuía.

Mentalmente, a intuí a pensar um pouco mais em si, a se divertir. Por que iria de novo ao centro espírita, se poderia descansar um pouco mais ou, quem sabe, se divertir.

A jovem, percebendo minha presença, olhou para o espelho, abaixou a cabeça e orou assim:

– Mestre do Amor, tende piedade deste jovem espírito. Permita que eu possa ser um instrumento da Sua Vontade, amparando no lar do meu coração àquele que a todo custo deseja afastar-me do meu pai e de Ti. Ele pede auxílio pelos atos e pensamentos que possui.

Agora ela me via perfeitamente. Olhei para ela envergonhado, desejando fugir, mas ela disse mentalmente e com carinho:

– Se deseja realmente perdoar e ser perdoado pelos seus pais, me acompanhe. Não tema, seus pais estão bem. Irei levá-lo a um local onde luzes vão abrir seu caminho e aliviar a dor do seu espírito tão cansado de sofrer.

– Como você sabe dos meus pais? – perguntei intrigado.

– Os bons espíritos me informaram que seus pais estão seguros e longe dos espíritos infelizes. Eles só disseram isto a você como forma de intimidá-lo. Confie em Deus!

Desapareci para os olhos dela. Quis fugir e não mais retornar para Magno. Também não queria acompanhá-la, mas uma força maior que eu me fez segui-la. Andamos por algumas quadras do bairro. Chegamos por volta das 19 horas a uma casa simples. À sua frente, poucas pessoas se reuniam numa conversação fraterna. Ela, percebendo minha presença, disse mentalmente:

– Seja bem-vindo, meu irmão. Aqui é o Centro Espírita "Fraternidade Cristã".

Eu não sabia o que me aguardava. Precisaria esperar.

A oração de socorro

O convite de Ana Maria deixou-me impactado. Sensações de medo e esperança invadiram-me ao mesmo tempo. Quis recuar, mas algo não deixou. Desconhecia a força do amor. A certa distância, Magno se fez visível e me observava com muita raiva. Mentalmente ele dizia para que me afastasse imediatamente. Quando ia desistir de entrar, Ana Maria falou para todos, motivando-me a prestar atenção nela:

– Boa noite meus irmãos, que bom saber que Deus é maior que qualquer ameaça de dor e morte. Ele é por nós, sempre. Vamos entrar?

Não consegui resistir àquela força. Entrei. Um

pequeno auditório com poucas cadeiras era o primeiro ambiente. Uma senhora, em espírito, sorrindo, pediu-me para aguardar ali o início da reunião.

Sentei e percebi dois ambientes: o físico e o espiritual. Muitos, como eu, aguardavam. A maioria estava sendo auxiliada por enfermeiros e por outros espíritos. Eu, porém, permanecia sozinho. Comecei a refletir que estava num lugar tão criticado por meus pais que, por orientação religiosa, acreditavam que os centros espíritas eram moradas de Satanás.

O ambiente físico do centro era simples, sem luxo algum, a não ser um pequeno quadro de Jesus Cristo. Sentia uma harmonia indescritível, apesar da sensação do desconhecido. Alguns espíritos estavam inquietos e outros esperavam numa fila.

Parecia um hospital, onde seres espirituais entravam e saíam em silêncio, conduzindo outros como eu. Os doentes chegavam em macas, outros, carregados ou em cadeiras de rodas, que deslizavam, como que flutuando.

Notei então que a dimensão espiritual do local era enorme. Não mais uma casa simples, mas um grande espaço totalmente iluminado. Espíritos vestidos em túnicas claras tratavam a todos com delicadeza e amor, mesmo aqueles que relutavam em ficar. Eu, porém, sem saber o que aconteceria comigo, permanecia sem ação.

Vi Ana Maria entrar numa sala e fui em sua direção. Um espírito me parou na entrada dizendo que não podia passar por aquela porta, ainda.

– Quero entrar, me dê licença. – pedi chateado.

– Não é permitido, meu irmão. Eles vão iniciar o estudo do

Evangelho e precisam de toda harmonia possível para captar as energias do bem, que serão usadas no tratamento espiritual. Você ainda está em desequilíbrio e pode comprometer o ambiente. Por favor, aguarde a sua vez. – pediu com educação e sinceridade na voz.

– Ela é minha, meu chapa. Eu cumpro ordens. Eu vou levá-la daqui comigo e não vai ser você quem vai me impedir. – retruquei com grosseria, ameaçando.

– Você é livre, meu irmão, para ficar ou não! Mesmo que queira entrar, não vai conseguir. Nenhum passo dará, porque energias superiores às nossas comandam este grupo. Deus nos protege, meu irmão, pense nisso. Ele tudo governa e sabe das necessidades de cada um de nós.

– Quanto às ordens, gostaria de convidá-lo a assistir ao Evangelho que vai começar dentro de instantes. Você e eu, junto com os outros, iremos nos beneficiar das energias do amor de Deus. – respondeu-me com delicadeza.

Quis negar o convite, mas uma força maior que eu me fez calar. Sentei-me numa cadeira ao lado de um jovem espírito e acompanhei o início da palestra. Naquela sala, inúmeros espíritos se aglomeravam sem, porém, causar tumulto. Desejei pensar em Magno, como a pedir ajuda, mas a imagem dele não ficava presa em minha mente. Pensei em sair, mas algo me prendia ao local.

Pontualmente às 20h30, uma senhora muito distinta, vestida de azul celeste, entrou na sala. Ela, em espírito, acompanhava o palestrante da noite, um senhor de aproximadamente 45 anos. Depois da leitura de um trecho de preparação do ambiente, como disseram, foi feita uma prece e logo em seguida começou a exposição.

A mulher mentalmente fixou-se no expositor que, de maneira serena, começou a ler um trecho do Evangelho Segundo o Espiritismo, intitulado "Amai os vossos inimigos". Após a leitura, o jovem senhor fez seus comentários.

– Meus bem-amados, filhos de Deus, sejam todos bem-vindos a uma das Moradas do Pai que, por amor, nos concedeu a oportunidade de estudar o Evangelho de Jesus e de nos comunicar com os dois planos da vida.

Percebi, neste momento, que era o espírito da senhora quem falava por ele, que continuou:

– Nesta noite, a reunião mediúnica terrena, que em breves instantes se iniciará, contará com espíritos em processo de salvamento. Reunidos pela afinidade fluídica e merecimento, teremos a oportunidade de reconduzir, se quiserem, alguns irmãos à colônia espiritual, onde em tratamento seguro irão recuperar o equilíbrio.

– Portanto, vamos elevar o pensamento ao Mestre Jesus. O tema da noite nos convida a amar, inclusive e especialmente os que consideramos ou nos consideram nossos inimigos...

O comentário transmitido pelo espírito da senhora ao expositor focava a importância do amor de forma incondicional, envolvendo aqueles com os quais possuímos inimizades. Sem o amor em sua extensão mais completa e complexa, nossos compromissos se agravariam, nos aprisionando aos vales sombrios do orgulho, da vaidade, da arrogância, do ódio, de todas as chagas morais, enfim.

Ao final do comentário, o espírito da senhora afastou-se do palestrante. Ele abriu os olhos, observando os encarnados com mais naturalidade e, possuidor de sua casa mental[7], continuou sua pregação apresentando casos de pessoas que venceram suas angústias ao se reconciliarem com antigos adversários.

Eu ouvia, inquieto, a pregação. Interessado no cenário espiritual que se desenrolava, pude perceber que por trás do espírito daquela senhora um clarão imenso se fez, ofuscando muitos espíritos na assembleia, inclusive eu. Quando tentava observar mais detalhes, um homem calvo se aproximou de mim e disse:

– Venha, meu irmão. Você é um dos escolhidos na noite de hoje. Agradeça ao Pai pela oportunidade bendita do contato com os encarnados.

Sem entender bem o que se passava e dominado por uma força maior que a minha vontade, me levantei e segui os outros espíritos que também foram escolhidos.

Entramos na sala. Em uma mesa, seis pessoas estavam sentadas, inclusive Ana Maria. Em volta, 12 espíritos irradiavam luz e protegiam o acesso de energias desequilibradas.

Da assembleia de espíritos que aguardavam orientação, diversas imagens de revolta, ira, inveja e orgulho eram direcionadas aos encarnados, na tentativa de invadir suas mentes. Mas esses es-

[7] **Casa mental:** o Espírito André Luiz, no livro *No Mundo Maior*, explica que não podemos dizer que possuímos três cérebros simultaneamente. Temos apenas um que se divide em três regiões distintas e que podemos considerá-lo como se fosse um castelo de três andares: subconsciente: 1º andar, onde situamos a residência de nossos impulsos automáticos, simbolizando o sumário vivo dos serviços realizados – hábitos e automatismos; consciente: 2º andar, localizamos o "domínio das conquistas atuais", onde se erguem e se consolidam as qualidades nobres que estamos edificando – esforço e vontade; superconsciente: 3º andar, temos a "casa das noções superiores", indicando as iminências que nos cumpre atingir – ideal e meta superiores. (Xavier, *No Mundo Maior*, 1977, p. 47)

píritos protetores neutralizavam-nas, desintegrando-as facilmente.

Sentei na primeira fila. Atrás de mim, outros tantos possuíam a fisionomia de sofrimento. Imaginei Magno, na tentativa de me salvar daquele ambiente, mas a imagem dele simplesmente escapava ao meu alcance.

Ao meu lado um espírito impunha as mãos sobre minha cabeça, o que acontecia com todos os outros espíritos escalados para aquela noite. Aloísio, um senhor de porte nobre, mas simples, o dirigente encarnado, iniciou a reunião, saudando a todos os presentes e convidando-nos para uma oração. Envolvido por espíritos iluminados, os quais ofuscavam minha visão, Aloísio orou:

"Senhor, infinito Pai das almas, nos reunimos nesta noite maravilhosa para saudá-Lo e Lhe agradecer pela imensa bondade para conosco.

Obrigado, Pai, por nossa vida, porque inúmeros vivem na Terra presos aos planos da morte.

Obrigado, Pai, pelo amor que nos une, porque muitos sobrevivem no planeta e fora dele animados pelo ódio destruidor.

Obrigado, Senhor, pelos corpos sadios e pela saúde mental, pois outros tantos estão sucumbindo diante dos vícios.

Obrigado, Pai, por estes amigos socorristas invisíveis, pelos médiuns que nos servem de instrumentos, por todos os seus abnegados e anônimos trabalhadores dos dois planos da vida.

Obrigado, Senhor, enfim, pelos espíritos que bondosamente nos estimulam aos acertos e nos protegem os caminhos, mesmo sabendo que somos criaturas tão imperfeitas.

Fica conosco, Pai, não nos afastando das dores ou dos sofrimentos, mas nos dando forças para vencer a nós mesmos, que às vezes cedemos aos instintos do passado. Que assim seja."

Depois da prece inicial, foi lido um trecho do Evangelho Segundo o Espiritismo, conforme anunciado, cujo tema era o "Perdão das Ofensas". Tanto nos trechos lidos como nos comentários, o foco era a necessidade de perdoar, como falava Jesus, "não setenta vezes, mas setenta vezes sete vezes". Aquelas considerações estavam vibrando dentro de mim, fazendo-me avaliar meus planos.

Enquanto estava entregue aos pensamentos, olhei surpreendido que espíritos socorristas conduziam para a sala meu perseguido e antigo algoz. O espírito de Augusto, em desdobramento pelo sono, foi levado para a primeira fila, onde eu também me encontrava.

Quis me levantar para atacá-lo, mas fui impedido pelo espírito que me acompanhava. Ele não me tocou, mas senti que uma força estranha segurava minhas mãos. Ele, olhando-me e sentindo meus desejos, disse:

– Fique sentado, Luís. Vamos continuar ouvindo o estudo do Evangelho e nos preparar para novos ensinamentos.

Sentei, entre revoltado e surpreso. Após o estudo, Aloísio, dirigente encarnado daquela reunião, convidou os médiuns à concentração e à prece, pois se iniciaria em instantes o que chamou de "intercâmbio mediúnico".

O espírito iluminado que conduziu o Evangelho no salão principal entrou na sala e com uma voz serena, meiga e altamente envolvente nos convidou a vibrar amor pelos irmãos que foram escolhidos para se comunicar com os encarnados.

Pediu que fechássemos os olhos e acompanhássemos a prece que seria feita. O pequeno aparelho de som tocava a Ave Maria, inundando todo o ambiente de luz azul clara.

Ao mesmo tempo, Ana Maria orava o Pai Nosso. Eu, em silêncio, ora acompanhava a prece, ora ficava imaginando o que estava para acontecer.

Observei que no momento da oração luzes de diversas cores, como pingos de chuva ou pequenos flocos de neve, caíam sobre todos nós. Os corpos dos médiuns se ampliavam em energia, o que posteriormente fiquei sabendo que se tratava da expansão do perispírito[8].

Com os olhos arregalados e o coração acelerado, acompanhei o início da reunião. Eu não tinha noção do que me aguardava. Era uma sensação muito estranha, num misto de medo, dúvida, raiva, expectativa, esperança... Não sei. Precisava enfrentar.

[8] **Perispírito:** é a estrutura intermediária entre o espírito e o corpo físico. Servirá, também, de "corpo" a ser usado pelos espíritos errantes, no Plano Espiritual. Também é denominado de corpo fluídico ou corpo espiritual.

O socorro

Depois da prece inicial, um espírito iluminado abriu os trabalhos, abordando a importância do perdão das ofensas como condição básica para que possamos nos recuperar das dores da alma, dos traumas morais e das tragédias emocionais.

Enquanto ele falava, um grupo de espíritos vestidos em roupas luminosas e seis integrantes da primeira fila se dirigiram para o que chamaram de "mesa mediúnica".

Os seis espíritos, inclusive Augusto, foram "ligados" a seis médiuns por sutis fios condutores de energia. Num processo intrigante para os meus olhos, as suas mentes eram "acopladas" às mentes dos encarnados.

O jovem, que aparentava ter 30 anos, sentindo a presença de Augusto, começou a exteriorizar todas as suas sensações. Os fios condutores, apesar de sutis, eram firmes, mas também frágeis a qualquer desconcentração do médium.

A voz do rapaz ficou trêmula, a respiração ofegante e seu corpo se contorcia, demonstrando que sentia dores. De repente, o choro compulsivo. Augusto não conseguia controlar as emoções, sendo necessário o autocontrole do médium e o auxílio da equipe para conter tanta emoção.

Um homem, que depois vim a entender que era o doutrinador[9], orientado por um espírito feminino que irradiava luminosidade intensa, saudou Augusto:

– Graças a Deus, meu Senhor, que estamos recebendo nosso irmão de tantas viagens de sofrimentos. Que o Pai Amantíssimo nos conceda a oportunidade de lhe sermos úteis.

– O que tanto lhe aflige na caminhada rumo à Luz, meu irmão?

– Estou arrependido! Estou profundamente arrependido! – falava soluçando devido ao choro intenso.

– Graças a Deus, meu irmão. O arrependimento é o primeiro passo rumo à recuperação espiritual. Mas o que lhe aconteceu para se encontrar assim tão triste?

– Quero morrer! Eu me odeio. – retrucava, revoltado e choroso.

---

[9] **Doutrinação:** 1. Ato ou efeito de doutrinar, orientar e esclarecer criaturas desorientadas, ignorantes, más, rebeldes ou momentaneamente refratárias àquilo que o doutrinador prega ou ensina. 2. Ação do dirigente de grupo mediúnico com finalidade de atendimento e desobsessão de Espíritos desencarnados.

– Meu querido amigo, o Mestre Jesus, nos legou os ensinamentos da eternidade, deixando viva em nossos corações a promessa do Evangelho de Amor. Ninguém morre, apenas entra numa nova dimensão espiritual.

– Jesus não me ama! Jesus me esqueceu por completo. – reclamava, em pratos.

– Nunca, meu irmão! Em nenhum momento Jesus lhe esqueceu. Pelo contrário, Ele ficou esquecido por todos nós durante séculos. Hoje, por meio dos sofrimentos, muitos estão buscando compreendê-lo.

Ficou um pouco em silêncio e continuou firme, mas com a voz mansa:

– Infelizmente, a maioria das pessoas precisa das dores para encontrar a Luz Maior. Contudo, o amor é o remédio que as nossas almas precisam para reencontrar o caminho que irá nos conduzir ao Pai Celestial.

– Disse-nos Jesus: "vinde a mim todos vós que estais fracos e sobrecarregados, e eu vos aliviarei". Foi Ele também quem nos convidou a "perdoar setenta vezes sete vezes".

– Portanto, temos a orientação, falta-nos a vontade. Entregue sua vida nas mãos do Messias e deixe que Ele o guie por veredas justas e renovadas.

As palavras haviam acalmado um pouco o infeliz. Mas ele ainda continuava muito abalado, porém, menos choroso, afirmando:

– Eu ainda estou vivo na carne. Minha filha, aqui, ora sempre por mim, mas sei que não sou digno. No passado fiz terríveis atrocidades, levando ao erro dezenas de pessoas. Uma, em especial, me persegue e me deseja ferir nas entranhas da alma. Ele deseja desencaminhar minha filha e levar-me à loucura. Como posso caminhar em direção à Luz sob tão forte ameaça? – perguntou, aflito.

Notei que ele se referia a mim e prestei mais atenção ainda. O doutrinador continuou compassivo:

– Cada um de nós colhe aquilo que plantou. Um dia você deve ter plantado enganos, agora está colhendo as dores. Contudo, o Pai nos oferta a possibilidade de continuar plantando sempre. É tempo de plantar o perdão para no futuro colher bons frutos da paz.

– Você está disposto a recomeçar a vida moral ainda encarnado ou deseja manter-se como vítima, algo que não é?

– Quero recomeçar, mas eles são muitos. Ele, o mais ferrenho de meus perseguidores, deseja que vocês todos também se destruam, perdendo a oportunidade dada por Deus.

– Eu sei, eu sei! Eles têm um plano para destruir a todos, a começar por minha filha que, mesmo jovem, tem força moral suficiente para derrubá-los. Ela é um espírito bom e sua bondade vem ajudando a muitos.

Ficou um pouco em silêncio e voltou a falar:

– Ele, Luís Felipe, quer minha desgraça. Mas agora eu quero que ele me perdoe por tudo que fiz, pelas dores espalhadas, pelos enganos cometidos. Eu sou um condenado que pede socorro. Ajude-me, por favor.

E voltou a chorar intensamente.

Quando ele pronunciou meu nome, meu coração bateu tão forte que parecia que iria sair de dentro de mim. Uma mão invisível segurou fortemente nas minhas e outra acariciou meus cabelos. Comecei a me acalmar, mas ainda aflito pelo que viria.

Tudo aquilo era novo para mim e eu não sabia o que poderia acontecer. Augusto, um pouco mais calmo, recebendo raios de luzes de vários espíritos e dos médiuns, continuou a falar:

– Preciso que ele me perdoe. Se ele deseja se vingar de mim, tudo bem, eu aceito. Mas que ele poupe minha adorável filha, a quem muito devo.

– Eu a abandonei desde pequena, fazendo sofrer sua mãe e sua avó. Fiz sofrer os pais dele, levantei falsos testemunhos... Sou um criminoso perante os olhos de Deus.

– A mãe dela entrou no crime e morreu por minha culpa. Ela, ainda hoje, me atormenta em meus sonhos. Agora é ele quem invade minha mente e a todo instante, como se não bastassem os outros que me fazem lembrar dos meus erros, vem prometer vingança, querendo destruir minha filha. Isso eu não posso permitir!

O doutrinador, muito amavelmente, prosseguiu:

– Calma meu amigo. As coisas não se processam assim. Deus, que a tudo governa, instituiu a Lei de Ação e Reação. A cada ação boa ou má que façamos a qualquer ser da natureza, inclusive aos homens, teremos uma reação.

– Esses espíritos que lhe perseguem em sonhos terão o momento do encontro com suas próprias consciências. Hoje, quem sabe, muitos deles podem estar aqui e, pelo seu sentimento de arrependimento, por sua sinceridade e pelo seu desejo de recomeço, podem, se quiserem, também sair das trevas e caminhar para a Luz, deixando você seguir em paz.

– Um dia, vocês se encontrarão para iniciar novas oportunidades, onde terão a chance de aprender a se amar. Mas isso é outra história, outro momento que o tempo vai se encarregar de escrever.

Eu acompanhava tudo assustado e surpreso. Aquele homem, outrora viril e altamente arrogante, humilhou-se pedindo perdão a todos os espíritos que lhe perseguiam, inclusive a mim.

Realmente alguns dos que ele havia prejudicado estavam ali. Não vi sua mulher, mas outros, como eu, ouvíamos a sua confissão. Seus pais, já desencarnados, entraram na sala e foram encaminhados para ficarem próximos a ele. O olhar de ambos era de tristeza, como se estivessem se sentindo culpados pela desgraça do filho.

Na minha mente veio a imagem de Magno a me ordenar a fuga imediata do local. Um dos que me acompanhavam apertou minha mão, o que deu a entender que eu deveria evitar aquela sensação. Magno, porém, continuou:

– Você deve sair daí agora! Saia logo antes que seja pego pelas redes fluídicas do Cordeiro[10]. Não nos traia, seu verme imundo! Se você ceder mais uma vez, nós vamos persegui-lo pela eternidade. Teus pais, agora mesmo serão castigados e torturados. Eu prometo, eu juro que você vai me pagar, seu infame! Lembre-se que Amanasak não vai deixar você escapar. Os soldados dele irão achá-lo nem que seja nos confins do inferno.

– Acalme-se, meu filho, estamos ao seu lado!

Ouvi esta voz, que interrompeu meu contato com Magno.

Daí a alguns instantes, alguém me levou para junto de um dos médiuns. Um espírito, em forma feminina, me disse:

– Venha, meu irmão, chegou a sua vez.

Uma força estranha tomava conta de mim. Comecei a ver

---

[10] **Redes fluídicas do Cordeiro:** irradiação amorosa tanto do médium quanto dos Espíritos de Luz, benfeitores que Jesus envia para nos auxiliar e que estão interessados no equilíbrio psíquico, físico e espiritual dos encarnados e desencarnados.

todos os meus comparsas de crime, ficando inquieto. Um turbilhão de pensamentos, uma confusão de imagens. Meu coração batia aceleradamente.

Sentei-me em uma cadeira ao lado de uma médium, na dimensão espiritual. Minha mente foi conectada à mente da medianeira. Depois de alguns instantes, senti vertigens e algo inesperado aconteceu. Eu falei:

– Eles me perseguem! Eles me perseguem! – gritei, chorando.

Outra pessoa, doutrinadora, aproximou-se da médium e carinhosamente me recebeu. Pediu que eu tivesse calma e que buscasse confiar em Deus, pois eu seria ajudado. Ainda com a voz embargada, continuei:

– Sou eu o algoz de Augusto. Meu nome é Luís Felipe. Mas vou logo dizendo que eu cumpro ordens de espíritos malignos. Não venha dizer que ele é inocente, porque o miserável merece tudo que está acontecendo.

– Foi ele quem me iniciou no crime, quem me marcou para sempre numa vida de criminalidade. Agora ele vem pousar de santo? Eu quero matá-lo, sim. Quero destruí-lo do mesmo jeito que ele me destruiu. Por causa dele perdi minha vida e o amor dos meus pais. Agora ele quer meu perdão? Nunca!

Parei por um momento, para me recompor das emoções, e prossegui:

– Posso até não perseguir a filhinha dele, mas ele não me escapará. Posso até deixá-los, mas ele é quem eu realmente quero. Quero vê-lo apodrecer como eu! Não me importa os planos de Magno para destruir esta casa espírita! Eu não sou espírita mesmo!

– Vocês ajudam o porco do pai dela, mas não sabem o que

ele fez para merecer tudo que vem acontecendo com ele. O infeliz vai morrer e, quando isso acontecer, eu estarei bem aqui esperando por ele para levá-lo comigo para o inferno, de onde ele nunca deveria ter saído.

Neste momento, outro doutrinador mais experiente se aproximou da médium. Pude perceber que ele estava sendo orientado por um espírito alto, masculino, com olhar penetrante e austero, mas com ar angelical. Tudo isso num abrir e fechar de olhos. Sob a influência espiritual, começou a falar comigo:

– Que Jesus o abençoe, meu amigo. Deus, Pai de Bondade, nos proporciona a bela oportunidade de vermos e ouvirmos dois espíritos, um encarnado e outro desencarnado, ambos na busca da reconciliação. No entanto, não sabem como fazer isso. Nós, por misericórdia do Pai, podemos nos reconciliar com os nossos desafetos, enquanto estamos a caminho com eles. Jesus, o médico das almas, nos orientava sobre isso.

– Reconciliar-me com ele? Nunca! – gritei.

– Reconciliar-se, sim, e por que não? O que lhe impede de voltar a ser feliz, de se libertar das algemas do ódio e da vingança? Hoje ele pede o seu perdão, amanhã, quem sabe, será você pedindo perdão a alguém. Não gostaria de ser perdoado pelos erros cometidos no passado?

Fez breve pausa e continuou:

– Lembre-se, meu amigo, ele é um pai que está arrependido de ter abandonado a filha. Ele, nesse ato de humildade, pede perdão à jovem que você deseja também ferir. É o sentimento paterno que lhe pede perdão, em nome do amor. Você não deseja pedir perdão aos que feriu?

– Não vou perdoá-lo nunca! Isso é uma situação impossível de acontecer. – falei, revoltado.

– Todos nós devemos perdoar para sermos perdoados. Mas não queremos que você perdoe por perdoar, simplesmente. O perdão é um sentimento que nasce de um processo de amadurecimento moral em cada um de nós. Nem todos estão prontos para perdoar, mas todos podem ser perdoados.

Fez uma breve pausa e continuou:

– É claro que você sofre as consequências dos atos dele. Não duvidamos que você esteja magoado com tanta maldade. Mas precisamos entender que ao mantermos o ódio dentro do nosso coração, apenas adoecemos, morremos emocionalmente a cada dia.

– O sentimento de rancor macula os tecidos do corpo astral[11] e nos marca para novas e dolorosas experiências na Terra. Um dia a medicina humana irá descobrir que a cura para muitas doenças, consideradas incuráveis, está no perdão. Mas não é a cura do corpo que devemos buscar, e sim a libertação dos nossos espíritos imortais.

Fez nova pausa rápida e prosseguiu:

– Não estamos discutindo quem tem razão, quem feriu mais ou quem foi muito impiedoso. Nosso desejo é vê-los livres das

[11] **Corpo astral:** é o perispírito. É o elo que liga o Espírito à matéria. Deriva do fluido universal e sua textura varia de acordo com o ambiente do planeta onde o Espírito habita. É o intermediário entre o corpo e o Espírito. Morfologicamente seria como uma cópia do corpo físico, só que menos denso, pois é composto de uma matéria diferente, imponderável e imperceptível aos nossos sentidos físicos normais. O apóstolo Paulo chamou-o "corpo espiritual". Quanto mais evoluído for o Espírito, mais etéreo será o corpo espiritual.

algemas do ódio. Acredito que você tenha recebido as bênçãos da orientação evangélica. Segundo nossos mentores, sua educação religiosa tem como base a Igreja Batista, uma instituição séria e focada nos valores da família, na conduta ética proposta com Jesus e na adoração ao nosso Criador.

– Como sabem disso? Quem lhe contou? – perguntei, intrigado.

– Podemos nos esconder dos encarnados, mas não dos desencarnados que têm acesso aos nossos históricos, desde que haja autorização para isso. Mas o que verdadeiramente importa é que você é uma fagulha do amor eterno de Deus, que vibra e tende sempre a aumentar, transformando-se em grande força radiosa. E quando você perdoar, quando ampliar a sua capacidade de amar, será capaz de sentir Deus em toda a sua plenitude.

Nova pausa foi feita. Em seguida continuou:

– Você gostaria que seus pais perdoassem seus atos? Eles, apesar de tantos esforços e dedicação à você, mesmo lhe pedindo para corrigir os seus passos, nunca foram ouvidos. Eles também poderiam estar profundamente magoados com você. Mas, como pais amorosos que são, reconhecendo os erros do filho, entregam-se ao amor de Deus, orando por você, pela sua redenção.

– Como você sabe disso? – perguntei, angustiado.

– Meus pais estão presos em colônia espiritual localizada na crosta da Terra, onde existe dor e medo, onde a serpente habita.

– Porque os vejo, os sinto e sei que eles amam muito você. Eles não estão presos, como lhe disseram. Os espíritos vingativos e perseguidores, aqueles que ainda se comprazem no mal, não usam a verdade para libertar, mas a mentira para escravizar suas vítimas. Nós, ao contrário, confiamos em Deus e na Sua Justiça, que a todos alcança.

– Eu amo meus pais! – disse chorando.

– Que bom que você os ama. Eles vieram aqui para ver seu socorro para os braços amorosos do Mestre, que deseja que nenhuma ovelha de seu rebanho se perca.

Ligeira pausa foi feita e ele continuou:

– E se você ama verdadeiramente seus pais, compreenderá que o amor deste pai, que aqui confessa seu erro, busca que você o perdoe. E mesmo que ainda não consiga perdoá-lo, o que é perfeitamente natural e compreensivo, ao menos pense em aceitar o convite que Jesus está lhe fazendo para entrar na vida maior em novos e melhores ambientes, em novas e melhores moradas espirituais.

– Eu errei muito com os meus pais! Não sou digno do amor deles... – lamentei.

– E qual de nós não errou? Que pode atirar a primeira pedra? Esqueça a vingança, meu amigo. Os irmãos que lhe estimularam nesse propósito apenas estão presos aos infelizes ideais de ódio, porque ainda são profundamente ignorantes de sentimentos. Não são perversos como proclamam. Apenas ignoram a felicidade, a essência da liberdade que apenas quem ama sente. Um dia eles irão recomeçar nova jornada, e quem sabe com sua ajuda.

– Mas eles ordenaram-me destruir Augusto, perseguir Ana Maria e invadir este centro espírita para acabar com os trabalhos de socorro. Na realidade, o plano era enfraquecer a fé da filha para que ela pudesse entrar em graves conflitos. – expliquei.

– Graças a Deus que você não fez isso. Jesus não nos manda

fazer nada, apenas nos orienta no caminho do bem. Cristo nos recomenda, por exemplo, a nos reconciliarmos com os adversários; a amar os inimigos; a perdoar setenta vezes sete vezes, o que significa infinitamente. Ele é o modelo, Ele é o Mestre. – esclareceu, solícito.

– Mas eu magoei meus pais por causa de Augusto. – insistia com a voz embargada pelas lágrimas.

– Sim, sabemos disso. Mas não se esqueça de que apenas lobos caem em armadilhas para lobos. Agora é hora de retirar as armadilhas do caminho e recomeçar, tentando esquecer o passado, e se preparar já para o futuro de muito trabalho.

A doutrinação estava sendo concluída. Quando percebi, uma grande Luz veio em minha direção. Meus batimentos cardíacos aumentaram, e meus olhos, ofuscados, banhavam-se em lágrimas.

– Que luz forte é esta? – perguntei, assustado.

– O que querem de mim?

– Nosso orientador espiritual nos diz que é sua doce mãezinha. Ela, por amor, vem lhe pedir perdão pelos enganos que cometeu. Ela, por amor, vem pedir que você esqueça esta vingança. Ela, por amor, vem reunir a família, que um dia se perdeu na estrada da vida. Seus pais estão aqui, ao seu lado. Não querem falar dos transtornos causados, mas estão renovando os votos de amor e perdão para você, o filho amado.

– Vejo meu pai, vejo minha mãe. Eu não mereço, meu Deus! – desabei em choro.

Por alguns instantes se fez silêncio. O doutrinador, também emocionado, concluiu:

– Graças a Deus, meu jovem irmão, você se reencontra com o amor. Não vamos perder tempo. Siga em frente com eles.

Espíritos amigos vão conduzi-lo a um local mais adequado, onde repousará e poderá, com calma, conversar com seus pais. Eles também querem lhe pedir perdão.

– Cada um de nós é responsável por tudo que faz e por aquilo que deixa de fazer. Ame, meu filho, ame muito e aproveite esta oportunidade para recomeçar.

Estava muito tonto e profundamente emocionado. Levantaram-me e fui carregado por espíritos que se vestiam de branco, talvez enfermeiros. Chorando, abracei meus pais, que também choravam, mas de maneira silenciosa. Tive vertigens, quis desfalecer. Alguém, porém, me segurou. Era Augusto. Olhei-o profundamente. Ele estendeu a mão em sinal de cumprimento e me pediu perdão. Sem emitir gesto algum, olhei-o sem saber o que fazer.

Meus olhos escureceram e eu desmaiei.

O hospital espiritual

Lentamente fui abrindo os olhos, como quem acorda de um longo e pesado sono. Estiquei os braços numa deliciosa espreguiçada. Ah! Há quanto tempo eu não sentia o prazer de me espreguiçar! Não me recordei de imediato se havia sonhado, mas acordei com a sensação de que tinha dormido bastante.

Esfreguei os olhos, buscando uma melhor visualização do local. A luz me ofuscava, apesar de não me incomodar. Observei o ambiente. Era um quarto simples, com uma janela, que estava aberta, voltada para um jardim, de onde soprava uma brisa suave.

Ainda um pouco tonto, respirei fundo e senti

um ar de grama molhada. Outra sensação que há muito tempo eu não sentia era o ar puro entrando em meu pulmão, fazendo uma viagem pelo interior do meu organismo e ajudando-me a reequilibrar minhas energias.

Da janela pude contemplar a doce claridade do fim do dia. Pensei: – Que lugar é este e por que será que dormi tanto?

Mas minhas indagações estavam apenas começando. Meus olhos foram se acostumando com a luz e meu coração batia suavemente com aquela vista magnífica.

Era um imenso jardim, forrado com gramas e flores pequeninas de cores amarela e branca. Pássaros cantavam perto de mim em grandes árvores, buscando repouso. Ao longe, vi algumas pessoas que eram ajudadas por outras, caminhando em direção que desconhecia.

Meu coração estava extasiado diante de tão bela imagem. De repente, me lembrei do meu último momento – meus pais me abraçando e Augusto me pedindo perdão. Também pensei em Magno:

– Onde ele estava naquele instante? Uma voz, porém, me interrompeu a lembrança:

– Não pense nisso, meu filho. Permita apenas que bons pensamentos reinem em sua mente.

Assustei-me, voltando-me para o interior do quarto para ver quem falava comigo. Era uma bela mulher, já na idade madura, vestida de forma luminosa, mas simples. Pele alva, cabelos longos, cuidadosamente penteados, tendo na cabeça uma tiara de flores do campo. A veneranda senhora estendeu a mão para me cumprimentar, dizendo:

– Seja bem-vindo, Luís Felipe, à nossa singela casa de socorro e repouso. Jesus esteja contigo. Sou Anita, sua tutora.

– A senhora me conhece? – perguntei, intrigado.

– Conhecemos todos aqueles que nos são confiados. – me respondeu com educação e gentileza.

– Que lugar é este? O que faço aqui? Onde estão meus pais? E os que me perseguem? Sim, pois eles vão me achar aqui facilmente. Por que aqui não tem...? Formulei uma série de perguntas inquietantes, querendo respostas imediatas. Ela, porém, me interrompeu pacificamente:

– Acalma seu coração. Primeiramente, você se encontra num hospital de passagem, um local onde espíritos necessitados têm a oportunidade de se recuperar antes de poderem prosseguir para as colônias, para uma das inúmeras Moradas do Pai. Lembra-se desta afirmação de Jesus nos cultos dominicais da Igreja Batista que você um dia frequentou?

Dirigiu-se à janela, aproveitando os últimos raios do sol e continuou:

– Aqui é um local simples, cujo tempo ajudará você a defini-lo melhor, de acordo com sua evolução clínica-espiritual.

– Em relação aos seus pais, eles estão velando por você em outra colônia próxima daqui, e em breve virão visitá-lo. Já fizeram isso algumas vezes, enquanto você dormia. Mas o sono estava muito pesado, meu querido amigo. Você apenas registrou a presença deles em sonhos, já que entre os espíritos também nos comunicamos dessa forma.

– E quanto aos seus algozes, eles se encontram em local de difícil acesso, permitido apenas aos companheiros especializados.

Porém, fique tranquilo, pois eles não podem entrar aqui, não porque não queiramos ou que impeçamos simplesmente, mas devido às vibrações de ódio e rancor, fixadas nos processos de vingança, que não se coadunam com as nossas.

– No entanto, se você pensar neles, irão invadir a sua casa mental, prejudicando seu tratamento. Busque, portanto, seguir nossas orientações terapêuticas e tudo vai sair dentro do plano dos nossos superiores. Consegui responder às suas perguntas? – disse com um semblante de paz e alegria.

– Sim, sem dúvida. Mas por quanto tempo dormi?

– Você descansou o tempo necessário para se recuperar. Para nós não há tempo como existe para os encarnados. Contudo, para você compreender melhor, foram cinco anos terrenos de descanso. - explicou Anita, minha tutora espiritual.

– Tudo isso? E como pode? Por quê? – perguntei intrigado.

– A maior parte da humanidade não compreende a relação entre tempo e espaço. Boa parte dos cientistas, especialmente os que se dedicam à Física Quântica, compreende claramente a equação dessa relação. Um dia, no entanto, quando os homens estiverem amadurecidos, seja na Terra ou em outros planetas iguais ao nosso, compreenderão que o tempo é um estado da mente, um posicionamento onde queremos estar, resultante, portanto, das nossas decisões, do uso do nosso livre-arbítrio[12].

---

[12] **Livre-arbítrio:** 1. Faculdade da criatura se autodeterminar; poder da vontade. 2. Liberdade moral do homem, faculdade que ele tem de se guiar por sua vontade na realização de seus atos. Os Espíritos ensinam que a alteração das faculdades mentais, por uma causa acidental ou natural, é o único caso em que o homem fica privado de seu livre-arbítrio.

Calou-se, observando minha fisionomia de espanto e de puro desconhecimento de tudo, sorriu e continuou:

– Vamos trocar em miúdos? Ao mantê-lo dormindo, semelhante ao estado de coma induzido, foi possível tratar de suas energias, retirando as forças negativas que o envolviam e inserindo novas correntes energéticas. Seu corpo astral estava impregnado de sentimentos contrários ao bem e diversas formas-pensamento alojaram-se em sua mente, em doloroso intercâmbio. Com isso, mantê-lo adormecido foi essencial para que você pudesse despertar melhor.

– Como assim, manter-me adormecido? – perguntei curioso.

– No plano físico, em muitos casos, o coma induzido é fundamental para a recuperação dos pacientes. Aqui, no plano dos espíritos, induzir o paciente ao sono reparador é igualmente importante, pois contribui para que as energias restauradas possam ser absorvidas pelo seu organismo astral. Além disso, muitos dos nossos pacientes demoram bem mais que cinco anos e bem poucos conseguem se recuperar em menos tempo.

– Entendeu? Agora, vista a roupa que está no armário e se encontre comigo em 15 minutos, no salão principal. Ao sair do quarto, pegue à direita e siga o corredor em frente para chegar até lá.

– Para onde vamos? – perguntei curioso.

– É hora de agradecer, meu caro Luís. Tudo que temos e somos devemos agradecer a Deus. São quase seis horas da tarde e em breve iremos iniciar nosso Evangelho. Eu vou esperá-lo no Salão Azul.

Anita despediu-se de mim, deixando-me com a mente fervendo de tantas novidades. Vesti-me rápido e no tempo marcado dirigi-me ao salão. No corredor, vasos belos com lindas plantas, mas elas eram diferentes das que eu conheci na Terra.

Outros espíritos também se dirigiram para o salão. Eram jovens, velhos, de ambos os sexos e semblantes variados, mas todos pareciam estar bem.

À entrada do salão amplo demais, sem paredes ou pilastras, luzes azuis davam uma sensação de limites arquitetônicos. Apresentei-me:

– Aqui estou, senhora.

– Olá, Luís. Estes são Otávio e Horino. Vamos entrar no salão para ouvirmos atentamente a palestra evangelizadora do fim de tarde de hoje. Você se sentirá muito bem depois.

Após as saudações breves, entramos, sentando quase no final, pois o salão estava repleto, abrigando centenas de espíritos. Percebendo a minha inquietação, Anita me avisou que ali deveriam estar mais de mil pessoas, entre desencarnados e encarnados. Estes últimos eram identificados por apresentar uma espécie de fio de prata, se assim posso chamar, que os ligava aos corpos físicos, desdobrados pelo sono.

Ao observar Anita, percebi que ela parecia ler meus pensamentos, então resolvi calar-me mentalmente e aguardar o palestrante expor sobre o Evangelho.

O que estaria reservado para mim? Que novas lições eu teria? Como era possível tudo aquilo? E como os meus algozes não tiveram acesso a mim, ainda? Tudo novo, diferente e incrível.

capítulo 11 | Uma chance para o perdão

Primeiros esclarecimentos

O auditório irradiava uma luminosidade harmoniosa, algo misterioso para mim. Uma luz azul da cor do céu percorria todo o ambiente, criando aquele "ar" de algo celestial e divino. Quando estava admirando a serenidade do local, espantado com o número de espíritos presentes, um coral de vozes angelicais começou a cantar a Ave Maria.

Apesar de estar distante do palco, eu conseguia visualizar a beleza do espetáculo. No entanto, quatro grandes telões transmitiam a apresentação. Anita, observando minha curiosidade, veio me esclarecer:

– São espíritos mais elevados que nós. Fazem parte da Colônia Azul e regularmente visitam nosso hospital para exibir seu repertório. Lindo, não? Muitos dos que estão aqui, contudo, não conseguem visualizá-los com muita clareza, mas registram a melodia.

– É verdade! Eu não os vejo claramente, apesar de sentir a beleza da musicalidade. Por quê?

– Para que possamos visualizá-los na integralidade da beleza que possuem, necessitamos nos desapegar dos sentimentos que nos prendem aos vícios terrenos, tais como a vaidade, a sensualidade, o orgulho, o melindre, a inveja e outros tantos.

– Você os vê claramente? – perguntei intrigado.

– Sim, são belos e formosos!

– Então está explicado. – concordei, desapontado.

Após a apresentação, um imenso clarão surgiu ao longe. Lentamente aproximou-se do palco, como se estivesse ganhando uma forma humana. Eu estava de olhos marejados, entre espantado e emocionado, quando tive a oportunidade magnífica de visualizar a aparição de um homem maduro, daqueles que indicam conhecimento e moralidade elevados.

Anita, muito emocionada, me explicou:

– É o nosso irmão Antunes. Ele é o dirigente da Colônia Azul, à qual este pronto-socorro está ligado.

O ser iluminado, com uma voz de extrema docilidade, iniciou sua exposição:

– Saudações, irmãos e irmãs desta modesta casa de repouso. O Mestre Jesus está conosco e, Dele, raios luminosos de amor e paz invadem nossos corações. Dos esplendores dos céus, Deus, nosso

Criador, Doador da vida e do amor fraterno, enviou um dos filhos bem-amados, devidamente habilitados, para gerir a humanidade.

– Jesus, o mensageiro da paz, o sol que brilha na Terra e nos sítios espirituais que estão veiculados a ela, ensinou-nos, entre tantas verdades, que precisamos nos assemelhar a uma criança que, cheia de inocência, prepara-se para a vida.

Depois de breve pausa, continuou:

– Disse Jesus, ainda, que devemos aceitar as lições divinas com o coração puro e simples. Mas para alcançar essa pureza e simplicidade de coração, necessitamos lutar por abandonar os antigos vícios que, durante séculos, nos escravizam e nos afastam da essencialidade da vida, o amor.

Mais alguns segundos de reflexão, como se observasse o íntimo de cada um dos presentes para melhor se expressar, e o nobre espírito continuou:

– O Reino do Pai é tudo que vemos e que não vemos. Está em tudo e em todos. Compõe todos os seres do microcosmo e do macrocosmo. O Reino do Pai é, acima de tudo, um reino de puro amor, pura bondade, pura felicidade. Onde ele se localiza? Em todos nós, em cada criatura de todo o indescritível Universo. Estando fora e dentro de nós, o Reino de Deus é a vida em ação.

Após rápida interrupção, continuou:

– Nós, espíritos ainda endividados com a nossa própria consciência, afastamo-nos deste Reino, apesar de ele habitar dentro de nós. Jesus, porém, nos aguarda de braços abertos, como guardião desse Reino Feliz, dando-nos as mãos amigas para continuarmos a vencer a nós mesmos, ajudando-nos a encontrar o amor, o caminho que nos conduz ao Reino de Deus.

Mais uma pausa rápida e logo em seguida continuou:

– Cada um de nós tem algo a vencer. Por que é tão difícil conseguir essa vitória? Cada um de nós tem algo de bom a oferecer. Mas por que se tem tanta dificuldade de ofertar verdadeiramente o bem que se possui?

– Cada um de nós tem Deus no coração. Porém, por que não permitimos que Ele se expresse em plenitude por nossos atos? É o medo que nos impede de avançar. Medo de perder a batalha; medo de desistir antes mesmo de tentar; medo de não suportar as vicissitudes da vida; medo de ser punido, condenado.

– Porém, mesmo que tenhamos medo de enfrentar a nós mesmos, Deus não nos abandona, apesar de muitas vezes acreditarmos que isso ocorra. E, neste caso, é o medo de ver a verdade, e a verdade é que Deus nos ama muito mais do que possamos imaginar.

O nobre dirigente da Colônia Azul observou a todos por alguns instantes em silêncio, como se estivesse numa meditação providencial, e prosseguiu com amor na voz:

– Eu os amo com toda a força do meu coração. Amo com a certeza de que nenhum dos seres criados por Deus está ausente de Seu Amor. Amo com a convicção de que não há maior poder que o amor que temos pelos que nos odeiam, pelos que nos perseguem, pelos que nos caluniam, pelos que fazem todo ato de maldade contra nós.

– Recentemente viemos de uma missão de socorro, integrando nobre caravana coordenada por Francisco de Assis. O bom anjo de Deus nos levou às mais terríveis regiões, onde pudemos observar as mais engenhosas estratégias de implantação da maldade no seio da humanidade.

– Nessas regiões, comunidades gigantescas de espíritos impregnados da ignorância sobre o amor, manipulam milhões de inteligências desencarnadas e encarnadas, viciando-as nas drogas, na corrupção, no roubo, na mentira, no sexo, no álcool, em tudo que possa envenenar o espírito humano, enfim.

Fez uma pausa e prosseguiu:

– Mas, mesmo nas regiões mais horrendas dos infernos astrais, onde espíritos violentos e rebeldes habitam, usando formas animalescas uns e outros totalmente ausentes do corpo astral, Deus está presente, distribuindo amor em forma de oportunidade de arrependimento.

– Se até lá, nos abismos do mundo espiritual, o Nosso Criador habita, por que não habitaria em nossos corações desejosos de conforto, perdão e paz?

– Retornem, meus irmãos e minhas irmãs, para os seus lares, para os labores que os honram na tarefa redentora, e distribuam o amor-paciência, o amor-tolerância, o amor-perdão, o amor-fraternidade, o amor-caridade, o amor-vigilância, o amor-humildade, o amor-carinho, o amor-amizade, o amor-trabalho, o amor-paz, o amor-estudo, o amor, simplesmente.

Interrompeu a palestra por mais um instante e em seguida continuou:

– Hoje, porém, é uma noite especial. Alguns de vocês receberam autorização para avançar mais um degrau, deixando este bendito hospital de amparo e socorro para entrar em nossa Colônia.

– Desejo, aos que seguem, confiança no trabalho que os espera. Àqueles que ainda devem ficar em tratamento, peço perseverança, pois também alcançarão o acesso desejado. Ficar não é punição, é oportunidade para crescer, para aprender mais, para trabalhar por si e pelos outros.

– No capítulo do Perdão das Ofensas, em Seu Evangelho Redivivo, Jesus nos convida a deixar no passado as experiências dolorosas, buscando, com a experiência do perdão, um futuro feliz.

– Vamos sorrir para o futuro, nos melhorando sempre. Vamos nos amar mais, nos respeitar mais, nos entender mais, aqui e na Terra. O Evangelho nos pede comprometimento com a causa do Mestre, nos estimula na busca pela melhoria constante e nos faz refletir sobre nossa missão.

– Aos encarnados que aqui estão, pedimos que reflitam sobre seus atos, buscando agir pelo perdão diariamente. "Perdoem para que sejam também perdoados", assim orienta o nosso Governador Celestial.

– Devemos todos entender que, sem a prática do amor fraterno, baseada na lógica do perdão, é impossível ascender às esferas superiores. E, como disse Jesus: "a cada um segundo as suas obras".

– Avante, meus irmãos! Jesus nos deseja simples e humildes, mas corajosos, bravos combatentes da causa do amor. E, como Francisco de Assis, vamos lutar para instalar a paz dentro de nós, trabalhando sempre pela implantação do Reino de Deus em nossos corações.

Fez outra pequena pausa e prosseguiu:

– Assim, agradecemos ao Mestre por esta oportunidade, elevando nosso pensamento ao alto e buscando nos sintonizar com o Amantíssimo Pastor das ovelhas, com o Meigo Rabi da Galileia. Vamos imaginar Jesus distribuindo amor, orando conosco e por nós, como quem ensina por exemplos e não por palavras.

O nobre espírito fechou os olhos e uma suave melodia se fez ouvir harmoniosamente. Ele, banhado em luz, orou assim:

"Pai Nosso, que estás no céu e em todos os cantos do Universo. Santificado seja o Vosso Nome, aqui e em todo o cosmo. Venha a nós o vosso Reino de Amor, Sabedoria, Justiça e Bondade. Seja feita a Vossa vontade em todo o espaço infinito, mas especialmente em nosso coração. O pão nosso, fruto do trabalho honesto, dai-nos hoje, ajudando-nos a distribuí-lo para quem precisa. Perdoai as nossas ofensas e nos ajude a perdoar os nossos ofensores. Não nos deixeis cair na tentação que empobrece o nosso espírito, mas concede-nos a liberdade para que vençamos o mal em nós. Que assim seja."

Quando o bondoso expositor concluiu a oração, percebi que gotas de luz caíam sobre nós. Anita levitava, impressionando-me. Ela, porém, percebendo minha curiosidade, disse mansamente:

– Um dia você também levitará. Tenha paciência e trabalhe sempre.

Ao final, quando saíamos, agradeci à Anita pela oportunidade. Ela simplesmente disse que Deus me abençoasse. Fiquei meio sem graça, mas não detive meu impulso:

– Quando irei partir também?

– Calma, amigo, ainda é muito cedo. Os que partem para a Colônia Azul estão em outro estágio do tratamento espiritual. Os que ficam, como você, precisam se recuperar das energias acumuladas durante anos de dificuldades morais. Um dia você também partirá para outros estágios na Grande Morada do Pai.

– E você, não vai? – inquiri ironicamente.

– Eu trabalho aqui e gosto muito do que faço. Um dia,

quando estiver preparada o suficiente para novas responsabilidades, também partirei para outro estágio na Casa do Senhor. Por hora, eu preciso exercitar bem minhas atividades e agarrar com todas as minhas forças a bendita oportunidade que estou tendo. Eu ainda preciso aprender muito com você e com os demais. É assim que a vida prossegue. Nós estamos sempre aprendendo uns com os outros.

Saímos andando pelo corredor. A noite estava muito bonita e o céu brilhava cheio de estrelas. Uma brisa suave percorria meu rosto me fazendo recordar os momentos de criança, quando eu sentava na calçada da minha casa para ouvir os contos da minha mãe.

Sentamos num banco do jardim e ficamos simplesmente calados, observando ao longe a partida dos que receberam autorização. Fechei os olhos momentaneamente, demonstrando cansaço, mas continuei assistindo tudo.

Em fila, um a um entrava num veículo, tipo um trem, mas diferente, que flutuava. Uma sirene tocou anunciando a partida, e o transporte simplesmente andou, sem rodas, em direção ao infinito, subindo e sumindo diante dos meus olhos...

Inacreditável, até então. Que lugar surpreendente era aquele no qual eu estava estagiando? O que mais eu poderia esperar? Onde estavam meus pais? E o que foi feito de Augusto? Tantas inquietações, todas sem respostas.

Encontro com a paz

*Durante os dias que se seguiram, aproveitei a oportuni*dade que o tratamento me conferia. Pela manhã, eu participava das aulas sobre o Evangelho de Jesus Cristo. No período da tarde, frequentava atividades variadas de cultura, artes, música, além de grupos de estudos sobre as consequências das drogas e do álcool no perispírito.

Neste mundo novo, a sensação de liberdade é incrível. No entanto, estar livre por aqui significa deixar a mente aberta para novas experiências, sem preconceitos.

Tive a oportunidade de participar de palestras ecumênicas, iniciando amizades com espíritos de várias escolas religiosas. Encontrei amigos que professavam a mesma religião que a minha, porém admirados com a realidade espiritual que encontraram além da morte.

Após uma das palestras, voltei para meus aposentos na companhia de dois novos amigos. No caminho, tivemos a oportunidade de refletir sobre o compromisso das religiões com as verdades espirituais.

– Eu acreditava que iria me encontrar com Jesus, mas não passei deste hospital até agora. – afirmou Essência, uma nova amiga.

– Infelizmente, a maioria das religiões do mundo não nos prepara para a vida espiritual. Pelo contrário, apresenta-nos um céu repleto de dorminhocos, aguardando o dia do juízo final para acordarem. – complementou Abelardo, outro novo amigo.

– Eu demorei muito a entender que a vida continua também por aqui. – afirmou Essência.

– E vejo o quanto fui preconceituosa com os espíritas que conheci. – concluiu decepcionada.

– Acho que isso se deve à intolerância das pessoas que assumem as lideranças das religiões na Terra. Deveriam ser mais integrativos e menos donos da verdade. – opinei.

– O fato é que muitos morrem e vêm para cá totalmente cegos das verdades deste mundo. Eu sou um deles! – declarou Abelardo.

– Mas como dizer aos nossos amigos da igreja e parentes que ficaram na Terra que se preparem para a morte durante a vida? Eles não vão acreditar em nós. Aliás, eles nos chamarão de demônios. Não é assim que fazem? – questionei.

Chegamos à ala dos quartos, nos despedimos e fomos dormir em paz. Acordei com o canto das aves perto da minha janela.

Levantei e fui à sacada, de onde observei Anita passeando com outros espíritos pelo jardim. Vesti-me e comi uma fruta que se encontrava num cesto pequeno em meu aposento, indo posteriormente ao encontro deles. Aproximei-me do grupo, que fraternalmente me saudou.

– Bom dia, Luís. Dormiu bem? – perguntou Anita.

– Dormi feito uma pedra! – respondi.

Após um rápido café à base de sucos e frutas, ainda necessários para espíritos como eu, Anita, que não se alimentou, apresentou-me ao grupo.

– Luís, estes são Mário, Rodrigo e Ana. Eles irão nos acompanhar hoje nos exercícios de respiração. Aliás, senhores, começamos hoje uma terapia.

– É, você disse na semana passada que participaríamos de uma terapia, na qual iríamos vivenciar experiências do passado. É isso mesmo? – perguntei.

– Isso mesmo! Então vamos logo. Precisamos aproveitar cada instante da nossa passagem por aqui, tirando sempre o melhor proveito. Vamos todos!

Saímos caminhando em direção ao Vale da Árvore Azul. No caminho, uma natureza exuberante, composta por árvores frondosas, plantas de todo tipo e um jardim maravilhoso, se mostrava à nossa frente. O ar fresco invadia os nossos pulmões, dando uma deliciosa sensação de campo, com o orvalho da manhã a expandir-se livremente.

– Que lugar encantador! – afirmei.

– O Vale da Árvore Azul é um ambiente especial. Adoro caminhar por aqui e pensar em minha vida, nos meus planos para quando retornar para a Terra. – declarou Anita.

– Vale da Árvore Azul! Pois sim. Tudo aqui é verde! Só vejo azul, aqui, no céu! – afirmou Rodrigo.

Paramos próximos a um lago encantador, sublime, de águas mansas e translúcidas. Anita, veio ao encontro das indagações de Rodrigo, esclarecendo:

– Naquela pequena ilha, situada no meio do lago, a vegetação que cerca a bela e frondosa árvore, tão antiga quanto todas as nossas idades carnais multiplicadas ao infinito, é inteiramente composta de florzinhas azuis. Aquela árvore está aqui desde bem antes da nossa primeira encarnação. Além disso, as demais árvores que a envolvem têm a folhagem verde. No entanto, no meio delas, bem no centro da ilha, tão grande e especial, reina a "irmã árvore". Nela, os frutos amadurecem como nas demais, seu tronco é marrom, como nas outras, mas a folhagem é inteiramente azul. Vejam como ela é linda!

– É mesmo, a árvore é azul! – respondeu Rodrigo, espantado.

– Podemos ir até lá? – perguntei, ansioso.

– Não. Lá é um local onde apenas os espíritos mais elevados – e põe elevados nisso – se reúnem para uma conversa fraterna. É como se fosse um templo de oração a céu aberto. – respondeu Anita.

– Isso é uma discriminação conosco, Anita. Só porque não somos elevados, estamos impossibilitados de ir até lá? Que chato! E mais, fazem isso nos deixando com gostinho na boca. – reclamei, me comportando como um menino mimado.

– Não, Luís – ponderou Anita.

–Não é bem assim como você está pensando. Jesus nos disse, por meio do Evangelho, que "a cada um segundo as suas obras".

Se não podemos estar lá hoje, desfrutando da beleza do lugar e da energia que brota em cada canto, é porque não estamos prontos ainda.

– No futuro, com o nosso esforço, poderemos ir. É só uma questão de trabalhar por merecer. Um aluno do primário não pode frequentar os bancos de uma universidade. Pense nisso!

– E o que viemos fazer aqui? – perguntou Ana.

– Viemos conversar, colocando pra fora os males do passado, as recordações que estão prejudicando o nosso desenvolvimento. É uma espécie de terapia, digamos assim. Viemos meditar sobre nossos atos quando estávamos na Terra. Isso faz parte do tratamento de todos vocês. – respondeu Anita.

Calou-se para contemplar a natureza e prosseguiu:

– Aqui, sentados na relva, contemplando a natureza, podemos, com a ajuda dos bons espíritos, receber o auxílio necessário para avaliar nossas lembranças. As energias do bem, que circulam no ar que estamos respirando, impedem que nos percamos em pensamentos sombrios. Ao abrir nosso coração a Deus, em meio a tanta beleza, ficaremos mais aliviados.

– Mas há grupos que fazem esta mesma atividade em salas apropriadas, não é verdade? – perguntou Mário.

– Sem dúvida, meu amigo. Podemos nos recordar em qualquer ambiente, desde que a situação seja mentalizada por nós. O Mestre Jesus já nos falou a este respeito, quando disse "onde estiver o teu pensamento, aí estará o teu coração". Eu me sinto mais à vontade em desenvolver esta terapia fora das salas especializadas. Porém, todo o nosso serviço está sendo supervisionado por companheiros mais experientes. Havendo qualquer dificuldade, eles vêm em nosso socorro. – respondeu Anita, pacientemente.

Outra vez, depois de se calar para admirar a natureza, Anita continuou:

– Olhem mais as árvores à nossa volta, observem os pássaros, sintam o vento, ouçam as vozes de seus corações, que ardentemente desejam se despojar das ilusões da Terra. Disse-nos Jesus: "O que é da terra, na terra fica". Lembram-se desta passagem do Mestre? Vamos deixar que o ar puro desta região nos ajude a limpar as nossas mais cruéis lembranças.

Confesso que estava inquieto, nervoso para ser mais exato, pois não tinha o hábito de falar dos meus problemas em grupo, com medo do julgamento dos outros. Anita, percebendo minha inquietação, veio me esclarecer:

– Não vamos nos preocupar com o que vamos falar e ouvir. O mais importante não é o destino desta viagem, mas as paisagens que iremos encontrar pelo caminho. Não vamos nos apegar aos nossos medos e preconceitos, pois não há ninguém melhor que ninguém. Não vamos ficar ansiosos por isso. Ao contrário, vamos todos relaxar para que a atividade se desenvolva naturalmente, sem nos constranger.

Após nos deixar mais aliviados, Anita convidou-nos para uma prece, proferindo a Ave Maria. Apesar de não ser católico, acompanhei mentalmente a oração:

"Ave Maria, cheia de graça, cheia de luz, cheia de paz. O Senhor é convosco e com todos os filhos que a vida nos traz. Bendita seja entre as mulheres, entre todos os filhos de Deus. Bendito é o fruto do vosso ventre, amado Jesus, entregue nos braços Teus. Santa Maria, Mãe do Cristo, Mãe nossa, Mãe Eterna, rogai por nós, espíritos imperfeitos, necessitados de perdão, agora e sempre, fazendo morada em nosso coração. Assim seja."

– Que prece linda, Anita! Tão linda e tão breve! Será que irão atender? – perguntou Mário.

– Quando conversamos com Deus, abrimos o nosso coração. Aqui não importa a quantidade de palavras ou a sua eloquência na fala. O que importa é a sinceridade. Deste lado, meu amigo Mário, não podemos fingir. Além disso, não podemos nos esquecer que a prece é um momento especial de comunhão com o Pai, e precisamos fazer dela um encontro maravilhoso, sempre. – respondeu-nos com muita alegria na voz.

Enquanto aguardava o início das atividades, fiquei meditando na beleza do local. O que poderia esperar daquela terapia? Como eu iria me comportar? Será que iria suportar falar de mim e dos meus erros para os meus novos amigos?

– Que Deus me proteja! – pensei.

A experiência de Mário

Depois da prece feita por Anita, algo estranho aconteceu comigo. Pela primeira vez, em muito tempo, eu estava completamente em paz. Ficamos deitados na grama, observando o movimento das nuvens e a dança dos pássaros, que sobrevoavam em respeitoso silêncio. Em seguida, Anita nos convidou a iniciar o que ela chamou de Vivência Astral.

Trata-se de uma técnica em que os pacientes – nesse caso, nós – sob orientação de um condutor especialista – nesse caso, Anita – relatam uma ou mais experiências, visando a se libertarem da consciência culposa. Segundo Anita, o fato de relatar os momentos conflitantes não significa que o paciente irá isentar-se das responsabilidades contraídas no passado delituoso.

– Uma vez que nos confrontamos com o nosso passado, revendo e assumindo nossos erros, por mais horrendos que sejam, nos posicionamos mentalmente em outro nível, onde a culpa não nos adoecerá mais. – explicou Anita.

Depois de uma pausa breve, explicou:

– Sob a bênção do arrependimento que, uma vez bem trabalhado dentro de nós, nos impulsiona ao recomeço, à aceitação de nós mesmos, do jeito que somos e com a felicidade de que seremos melhores, vamos avançando em direção à nova experiência no corpo físico.

– Lá vem você com este papo de reencarnação. Isto não é condizente com os ensinamentos que eu recebi. Minha religião não fala nada disso! Aliás, viver de novo é um absurdo! Viver de novo pra quê? – perguntei inquieto.

– Amigo, – respondeu-me Anita com paciência –, no mundo dos espíritos, neste mundo real em que nos encontramos, a religião terrena é apenas uma escola que nos ensina a entender Deus como Pai. No mundo físico há muitas escolas de todos os níveis, da Educação Infantil, passando pelos Ensinos Fundamental e Médio, até chegarmos ao nível universitário e de pós-graduação.

– Sim, e daí? – perguntei.

– Você acha que o aluno da Educação Infantil, onde muitos de nós se localizam, vai aprender e apreender os conceitos dos temas que são discutidos na universidade? Você acredita que uma criança de dois anos vai entender o funcionamento dos astros, a engrenagem da Engenharia, os fundamentos da Arquitetura, o complexo mundo do Direito ou da Medicina? Os conhecimentos que você adquiriu em sua vida anterior, seja nos bancos escolares ou na igreja, credenciam-lhe para entender o que aconteceu, acontece e acontecerá conosco em nossas vidas sucessivas?

Eu me calei, aceitando seus argumentos. Entreolhamo-nos e aguardamos com expectativa o início do exercício. Mário foi o primeiro, começando entre vacilante e ansioso.

Deitados, de olhos contemplando o céu, ouvimos seu relato. Inicialmente, Anita pediu que observássemos o céu, buscando encontrar os detalhes na tela divina:

– Amigos, contemplem Deus nos detalhes da vida que pulsa em toda parte. Em cada detalhe, por menor que seja, vibra o Amor Paterno, não desamparando nenhuma de suas criaturas.

– Do verme ao arcanjo, do reino mineral aos planos divinais, morada dos espíritos puros, o amor se manifesta. Vejam, meus amigos, como o Criador é eterno-bondade, eterno-justiça, eterno-amor, eterno-misericórdia para com todos.

– Ouçam, com atenção, o som da natureza se manifestando nas imagens vivas. Ouçam e deixem que a música divinal abra suas memórias astrais[13] e contribua para que suas experiências possam ser compreendidas como oportunidades para um recomeço de muito esforço, mas também de muita esperança.

A voz de Anita ecoava suavemente. Estávamos relaxados, contemplando o céu e ouvindo a música da natureza, quando a narrativa do primeiro companheiro se iniciou.

---

[13] **Memória astral:** a memória da individualidade que se encontra na intimidade do Espírito, em seu arquivo permanente, no que se chama "sensorium comune".

Enquanto ele falava, algo estranho aconteceu comigo e com os outros. Era como se nós estivéssemos vendo os fatos narrados em uma grande tela. Incrível, mas verdadeiro.

Mário nasceu em uma família rica, na cidade de Recife, Pernambuco. Desde o berço, recebeu as melhores oportunidades de amor, carinho e respeito, crescendo entre os mimos dos pais. Percorreu os melhores bancos escolares da capital pernambucana.

Contudo, antes de completar a maioridade, sentiu-se atraído por uma jovem da sua idade, mas não foi correspondido. Acreditava que por ser rico e importante poderia ter tudo, inclusive a simpatia e a atenção de todos. Como a jovem não retribuía as suas gentilezas e olhares de conquistador, ele se revoltava.

Aos "amigos", dizia que "aquela agora seria sua de qualquer jeito ou não seria de mais ninguém". Em muitas conversas com outras pessoas, prometeu vingar-se dela, se fosse menosprezado mais uma vez.

Vimos na tela mental aberta para nossa compreensão os apelos da espiritualidade amiga, especialmente de seu anjo protetor. O jovem rebelde não queria saber dos conselhos nem mesmo dos pais.

Soube que a moça estava de namoro com um modesto rapaz, trabalhador, de família humilde que, com muito esforço, tinha concluído os estudos universitários. Estimulado pelos companheiros espirituais inferiores, que o adestravam na vingança, recebeu auxílio mental para realizar seus desejos de destruir o jovem casal de namorados.

Com um plano de ódio elaborado, foi buscar a moça na escola, acreditando verdadeiramente que poderia seduzi-la com os atrativos financeiros e físicos que possuía. Contudo, ao vê-la abraçada com o namorado, que havia chegado um pouco mais cedo que ele, tomou uma decisão infeliz. Dirigiu-se até eles e começou um escândalo, com argumentos falsos, objetivando apenas a calúnia e a humilhação pública.

– O que significa isso, meu Deus? Como você namora uma garota que está comprometida comigo? – questionou, de maneira violenta.

– O que se passa aqui? – perguntou o jovem.

– Que brincadeira é esta? Não entendo este quadro confuso: você me namora e tem com ele um compromisso? – perguntou, assustado.

– Ah! Você também é outro bobo! Mas eu vou lhe explicar. – respondeu Mário, atraindo a atenção da multidão.

– Esta moça é minha namorada e também passa por sua "pequena". Eu não entendo, prometeu se casar comigo, dei-lhe até um anel de compromisso e simplesmente você me engana com outro! Como você foi suja! Bem que minha família havia avisado. Você é mais uma dessas meninas fáceis! – continuava acusando com falsos argumentos.

– Como ousa dirigir-se a mim com estas insinuações? – retrucou a moça, totalmente aflita.

– Eu amo meu namorado e jamais tive nenhum interesse por você. Você mente e só deseja me humilhar com essas falsidades!

– Cale-se! – respondeu Mário, fingindo chorar.

– Eu estou humilhado e traído também.

E, voltando-se para o rapaz, falou:

– Meu amigo, não permita que esta senhorita machuque o seu coração como fez com o meu.

O jovem, humilhado, com os olhos cheios de lágrimas, questionou:

– O que você fez, Gabriela? Eu não mereço isso! Como ousa me trair com este rapagão? Eu jamais esperei isso de você! Como pôde? – perguntou Antônio.

– Ambos estão me tomando por alguém que não sou! Antônio, você é meu namorado e este rapaz não passa de um conhecido, que insiste em me conquistar. – respondeu a jovem, aflita.

– Este homem está falando sério, Gabriela? – perguntou Antônio.

– Não, é claro que não! Ele é um louco! – respondeu, nervosa.

– Louco? Está me chamando de louco? Sr. Antônio, pergunte a todos aqui com quem ela namora? Irão responder que é comigo.

– Chega, Sr. Mário! – gritou Gabriela.

– Chega, digo eu! – respondeu Antônio.

– Suma daqui, seu tolo! Ela me ama e tudo isso não passa de uma mentira! Eu tenho certeza disso! Ela é minha futura esposa!

– Sua futura esposa? – Mário dá uma gargalhada sarcástica ao ouvir a declaração de seu adversário.

Percebendo que poderia perder a peleja, arremata com grave acusação:

– Pois antes de ser sua futura esposa, meu jovem tolo, ela já foi minha mulher. Eu já a tive, pergunte a ela. Ah! Ela está esperando um filho meu e vai se casar com você para não ficar com fama de safada! Eu quero me casar com ela para evitar que fique na boca do povo. Mas, já que você a deseja, fique à vontade.

A notícia, apesar de ser mentirosa, vibrou como uma verdade aterrorizadora. O jovem ficou pálido, e com a voz trêmula perguntou:

– Como?

Antônio ficou atônito.

– Isto é verdade, Gabriela? Você está esperando um filho dele? – perguntou Antônio com a voz transtornada e embargada pelo choro.

Gabriela chorava muito diante da humilhação. Sua condição pacífica não permitia retrucar com violência a calúnia, nem muito menos responder com clareza ao namorado transtornado.

Entre acuada, revoltada e humilhada não conseguia se defender, o que contribuiu para a argumentação mentirosa de Mário.

– Veja, Antônio, observe a dor do remorso, ela chora porque assume a culpa. Uma mulher dessas não merece nem a mim nem a você. – falou Mário.

Como o silêncio se fez por alguns instantes, Antônio saiu correndo, perdendo-se do olhar de Gabriela, que ficou chorando e pedindo que ele a escutasse, pois tudo era mentira. Aproximando--se da jovem transtornada, Mário sarcasticamente propôs:

– E agora? Você pode ficar comigo ainda. Ele jamais vai querer você de volta. Eu, porém, posso lhe dar tudo. Isso não é uma prova de amor? – perguntava ironicamente.

– Eu prefiro a morte, seu miserável. – respondeu, com um sentimento de profundo rancor.

Gabriela se levantou e saiu correndo atrás de Antônio. Mário também a seguiu de perto. Andando pelo comércio da cidade, buscando encontrar o jovem amado, Grabriela ficou cada vez mais desolada, sentindo que algo mais terrível estava prestes a acontecer.

Seu coração pressentia que sua vida estava para se transformar para sempre. Seus olhos percorriam a cidade em busca de Antônio. Onde ele estava? Como poderia resolver tão grave problema? Será que ele iria entender? Era o fim do amor?

– Antônio, Antônio, onde você está? Antônio! – gritava no meio da multidão.

De repente, viu pessoas correndo em sua direção, muito assustadas, algumas chorando e outras abaladas. Partiu em direção ao tumulto, rompendo os populares que faziam um grande círculo na calçada. Ela, conseguindo romper a barreira humana, viu um corpo coberto de sangue no chão. Com os olhos cheios de lágrimas, reconheceu a roupa da vítima, dirigindo-se a ela e virando-a lentamente – era Antônio.

– Meu Deus, como pode um rapaz tão jovem se matar? – perguntou um dos populares.

– Ele entrou desesperado no prédio, subiu pelas escadas até o sexto andar e se jogou. Foi horrível! – disse outro, se aproximando do tumulto vindo do edifício.

Mário observava tudo com um sorriso sarcástico nos lábios, sumindo na multidão sem deixar rastros.

O tempo, senhor inexorável, havia passado... Muitos anos depois, Mário, já doente e arrependido dos seus erros, soube que Gabriela tinha enlouquecido, sendo internada num hospício público, de onde saiu apenas para ser enterrada. Morreu sozinha, como havia prometido, sem se casar com ninguém, vítima de profunda depressão.

Mário terminou seu relato com os olhos cheios de lágrimas. Disse-nos que concluiu sua existência com os fantasmas de Antônio e Gabriela invadindo seus sonhos e cobrando justiça. Morreu jovem, com cerca de 30 anos, acometido por misteriosa doença.

No fundo, como ele mesmo disse, nunca tinha sido feliz e tudo que havia conseguido deixou no mundo.

Depois que desencarnou foi socorrido, anos mais tarde, por uma equipe espiritual da Colônia Azul. Pediu a Deus que lhe concedesse a oportunidade de retornar à Terra um dia para receber Gabriela e Antônio de alguma forma, buscando reparar tão graves erros, quem sabe como pai dos dois.

Quando ele terminou, todos nós estávamos mergulhados em grande emoção. Anita, conhecendo nosso ambiente mental, pediu que orássemos a prece que Jesus Cristo nos ensinou. Em seguida, tomou a palavra e nos deixou mais uma lição:

– Orando, nos recompomos mental e espiritualmente. A prece recarrega as baterias do nosso coração, dando-nos força para prosseguir. Sim, o caso de Mário muito nos emocionou, mas ele reconhece seus erros e buscará, em breve, novas formas de aprender a se reconduzir perante Antônio e Gabriela. Hoje eles estão se recuperando em outro posto de socorro. Um dia, quando estiverem prontos, poderão se reencontrar com Mário e, juntos, planejar nova experiência terrena.

Confesso que fiquei chocado com tudo isso! Demorei a me recompor depois de tudo que tinha visto. Que experiência dolorosa! Como a nossa arrogância e prepotência, aliadas do nosso orgulho, ciúme e inveja, irmanadas com a sexualidade transviada, podem nos comprometer seriamente perante Deus! Eu estava com tanto medo de tudo aquilo. Como seria a minha vez?

capítulo 14 | Uma chance para o perdão

O caso Rodrigo

Ainda estávamos sob o efeito do depoimento de Mário que, silenciosamente, foi confortado por Anita, quando ela, sempre compreensiva, como irmã mais velha a reconhecer nos irmãos menores a necessidade de apoio, segurou em suas mãos, sorriu serenamente e disse:

– É hora de continuar, meu amigo. Apesar de tudo, é necessário seguir. O que fizemos de errado está em nosso passado como experiências que não deram certo, mas que serviram para nosso aprendizado.

Fez breve pausa e continuou:

– Você vai se recuperar e terá a oportunidade de recomeçar sua vida ao lado deles, suas antigas vítimas e futuras "bênçãos" para sua recuperação. A estrada, meu amigo, é muito longa, mas só conseguiremos atravessá-la, se dermos o primeiro passo.

Ficamos em silêncio por alguns minutos. Em seguida, Anita continuou:

– Agora é a vez de ouvirmos o Rodrigo. Então, vamos repetir o mesmo processo que fizemos anteriormente. Vamos elevar o nosso pensamento a Jesus e tentar ficar concentrados para ajudá-lo a abrir sua mente e nos apresentar seu histórico astral. Vamos fazer isso com calma, sem medo ou vergonha. Todos nós temos equívocos a reparar e ninguém está condenado à imperfeição.

Após o processo inicial, que incluía a prece e orientações para que ficássemos relaxados, Rodrigo começou a narrar sua última existência. Antes, porém, olhou para o céu e disse:

– Que Deus me ajude a suportar esta lembrança!

Era primavera, estação poética, quando Rodrigo foi convidado a viajar com os primos para Porto Seguro, na Bahia. Estudante, com apenas 20 anos, cheio de vida, belo e atraente, praticava o futebol nos finais de semana. Não imaginava, porém, que os atos que iria praticar comprometeriam sua vida para sempre.

Fazia dez dias que ele e seus primos estavam na casa de sua tia. Uma noite, depois do jantar, foram para um bar perto da praia, onde entre músicas e risos, ingeriram bebidas de alto teor alcoólico. Os primos, mais velhos, estimularam nele pensamentos de profunda maldade, narrando fatos de violência sexual contra mulheres, os quais eles praticavam sem serem punidos.

– É assim mesmo, cara! A gente vem, agarra as raparigas e manda ver! Somos machos pra isso mesmo! – disse André, primo mais velho, em visível estado de perturbação.

Na tela que víamos à nossa frente, as cenas se apresentavam bem fortes. Era muito tarde, por volta das 2 horas da manhã, quando todos, embriagados, foram convidados pelo dono do bar a se retirar, porque na manhã seguinte ele teria de abrir cedo e precisava descansar. O primo mais velho, André, envolvido por espíritos em terríveis aspectos, manipulado mentalmente, levantou-se da mesa falando palavrões, derrubando e quebrando tudo que estava à sua frente. Os outros, inclusive Rodrigo, apenas riam sarcasticamente.

– Você não vai fechar porcaria nenhuma, velhão! – gritava André.

– Vai, André, coloca o coroa no lugar dele! – estimulava Rodrigo.

O dono do bar, amedrontado, quis fugir em busca de socorro, quando foi agarrado pelo pescoço por André que, muito mais forte que sua vítima, o espancou violentamente com chutes e murros.

– Socorro! Por favor, pare com isso! – suplicava o homem, indefeso.

A casa da família ficava ao lado do bar. A esposa do dono e sua filha, uma adolescente de apenas 15 anos, vieram ver o que acontecia.

– Pare com isso, moço! – gritava a mulher, aflita.

– Largue meu pai! – suplicava a filha, em prantos.

André, tomado de cólera, ordenou que Miguel, outro primo de Rodrigo, pegasse a mulher, e que Rodrigo agarrasse a menina. Aflitas e apavoradas elas não conseguiram pedir socorro tão alto quanto deveriam.

André, algoz feroz, amarrou o dono do bar a uma mesa. Sem a mínima noção dos riscos que estavam passando e da loucura que cometiam, os jovens não perceberam que a entrada do bar estava parcialmente aberta, pronta para ser fechada pelo proprietário, que se preparava para encerrar o movimento do dia.

André despiu-se parcialmente e, de forma violenta, rasgou as vestes da jovem senhora. Homem forte, alto, facilmente dominou a mulher, tapando a boca da vítima com as mãos. A menor, caída e indefesa, vendo a atrocidade que eles estavam cometendo, num descuido de Rodrigo, que se deliciava com a cena humilhante, conseguiu soltar-se. Superando as próprias forças, conseguiu passar pela brecha da porta de entrada, correndo desesperada em direção à rua.

Mas a fatalidade não manda recados. Um carro em alta velocidade atingiu a jovem de forma violenta, e o motorista fugiu sem prestar socorro. Seu corpo foi arremessado a alguns metros do chão, caindo fortemente no asfalto frio da madrugada.

Gritos, muitos gritos. Alguns transeuntes vieram observar o ocorrido. Assustados, apesar de bêbados, os primos covardes entraram no carro que estava estacionado na frente do bar e correram para casa, deixando para trás suas vítimas, marcadas para sempre no corpo e na alma.

Em poucos minutos, os populares circularam o corpo da jovem. Os pais estavam tão chocados e desesperados que, confesso, fiquei profundamente emocionado com a cena.

– Onde estão os infelizes! – gritava o pai, atormentado.

– Vou matar um a um!

– Minha filha, minha menina! Meu Deus, me ajude! – suplicava a mãe, descontrolada, ainda com as vestes rasgadas.

Antes do raiar do Sol, patrocinados pelos pais irresponsáveis, os jovens, mesmo despertando suspeitas, voltaram para Salvador, onde se esconderam por alguns dias. Em seguida, foram levados pelas famílias para uma fazenda no sertão baiano. Seus pais, pessoas influentes no Estado, desejosos de não ver seus filhos na prisão, os encaminharam para São Paulo semanas depois, onde concluíram suas vidas sem serem punidos pela justiça terrena.

O tempo passou... André desencarnou aos 40 anos de idade, devido a um câncer no fígado. Miguel entregou-se às drogas, sendo preso por várias vezes até ser assassinado pela polícia, numa das fugas que empreendeu.

Apesar dos esforços de suas famílias, eles não conseguiram superar seus limites morais. Rodrigo que, enquanto narrava esses fatos para nós estava em lágrimas, jamais concluiu seu curso de Direito. Seu pai, um famoso advogado baiano, jogador contumaz, perdeu todas as economias, inclusive as que eram resultado de negócios ilícitos, chegando à falência. Sua mãe, envergonhada da situação financeira, entregou-se ao suicídio.

Os supostos amigos haviam desaparecido e nada mais lhe restava. Em São Paulo, pobre e sem rumo, acabou por trabalhar num bar. As imagens do dono do bar gritando, da mulher em desespero e da adolescente sendo atropelada e morta estavam constantemente em sua mente, como a lhe castigar pelo ato desumano.

Por anos não conseguiu dormir direito, devido à presença das velhas lembranças em sua casa mental. Um dia, quando estava terminando seu trabalho no bar, três homens entraram e anunciaram um assalto. Sozinho, foi pego pelos assaltantes que o despiram e espancaram, deixando-o gravemente ferido. Porém, antes de chegar o socorro, ele não resistiu aos golpes e morreu. Espíritos vingativos vieram recebê-lo no plano astral, levando-o para um local onde ficou preso por vários anos.

Numa noite escura no presídio espiritual, recebeu a visita de uma jovem. Era a adolescente que ele havia levado ao desespero e à morte. Ela, sem ser percebida pelos soldados que vigiavam os presos, entrou, saudando-o com carinho e respeito, dizendo:

– Venha, meu irmão. É hora de recomeçar.

Ele, sob forte emoção, desmaiou, acordando no hospital que nos abriga atualmente. Ao concluir seu relato, Rodrigo olhou para todos nós e disse chorando:

– Que Deus me perdoe e me conceda, um dia, a oportunidade de retribuir todo o amor que estou recebendo.

Anita, também emocionada, o beijou na face, dizendo com a voz de irmã mais lúcida:

– Todos nós teremos outras oportunidades para reparar nossos enganos. Deus seja louvado, meu filho. Ontem, você fez chorar. Hoje, você chora. Amanhã, todos irão abrir o coração diante do sorriso da reconciliação. Vamos confiar em Deus!

Eu, atônito, não soube emitir nenhuma opinião. Como os enganos são capazes de nos levar a situações desesperadoras! Eu, cheio de erros, não sabia como reagir em situação semelhante. Lembrei-me da minha vida devassa na Terra, das farras que fazia e nos giros que dava para "pegar" mulheres. Precisei ser forte para não levantar e ir embora, humilhado por minhas lembranças, cheio de remorso.

– Meu Deus! Como eu vou contar minha vida para eles? – pensava, aflito.

Um relato emocionante

Todos nós estávamos emocionados. Era muita emoção para apenas uma manhã! Apesar da gravidade dos erros, nós nos olhávamos, mas não conseguíamos acusar uns aos outros. Afinal, qual de nós poderia atirar a primeira pedra?

Observando que estávamos muito emotivos, Anita nos convidou a passear um pouco, relaxando a mente e o corpo astral. Refrescamo-nos ao doce carinho da brisa e nos alimentamos das frutas das árvores, saborosas, por sinal. Mangueiras, jabuticabeiras, amendoeiras, figueiras... Uma variedade de cores e sabores. A água do lago era límpida e um pequeno córrego nos estimulava a molhar nossos rostos.

E continuamos nossa caminhada, numa conversa fraterna.

– Os mais antigos nos contam que a água deste lago é terapêutica, sendo recomendada para todo tipo de tratamento. – disse Anita.

– A hidroterapia ganha cada vez mais espaço no planeta Terra e, se tudo sair como planejado pelos espíritos superiores, em breve, muitas doenças desaparecerão com o uso da água. Se nela for depositada a energia do amor, da bondade, da paz, o mundo encontrará as soluções para muitos males, especialmente os gástricos.

– Ela é fluidificada? – perguntou Mário.

– Sim, meu amigo. A energia deste ambiente penetra na água e é altamente salutar. Numa região como esta, onde os Espíritos de Luz se reúnem para tratar de assuntos relacionados ao bem-estar dos tutelados do Grande Pastor, é lógico que toda a natureza vibre de maneira positiva. Somos abençoados por esta oportunidade! – respondeu Anita, com clareza.

– Eu nunca pensei que um lugar como este poderia existir! Será que não é tudo um sonho e que irei acordar? – perguntei.

– E por que não? A paz que você sente aqui é compatível com a paz que você pode gerar. Nossa colônia é apenas um pequenino recanto de refazimento. Como disse Jesus, "há muitas moradas na casa do Pai". Aqui é apenas uma delas! Como nós, seus habitantes, somos ainda seres imperfeitos, também é um espaço em contínuo processo de crescimento, apesar de muito protegido por espíritos bondosos.

Fez uma pausa e continuou:

– Quando crescemos individualmente, contribuímos para a evolução de todos e, assim, o nosso padrão mental constrói o lugar onde podemos residir. Quem vibra no mal, quem pensa no mal, quem promove o mal, habita regiões más. Mas quem promove o bem, quem pensa no bem, quem age no bem, quem vibra no bem, habita morada compatível com seu grau de bondade.

Olhamo-nos silenciosamente por alguns segundos. Em seguida, Anita prosseguiu:

– Mas vamos continuar nossa atividade. Agora é a vez de Ana. Vamos sentar aqui mesmo e continuar o nosso exercício. Vamos lá, Ana?

Sentamos e começamos a ouvir o relato de Ana Lúcia Videira.

– Eu cresci entre os mimos dos meus pais, que não pouparam recursos para me educar. O conforto do meu lar, os brinquedos, as roupas, a escola, as viagens, enfim, tudo que eu tive foi dado por eles. Eles sempre demonstraram uma preocupação além da conta comigo. Era algo doentio!

Ana continuou narrando sua vida.

Como filha única, era vista como um precioso cristal, apesar de possuir um temperamento muito difícil. Não era doce, meiga e bondosa como as outras crianças. Mimada e egoísta, queria tudo para si. Sua mãe, mesmo amando-a muito, lhe ensinou apenas o amor possessivo e cheio de ilusões.

Ana tornou-se uma adolescente insuportável, crescendo num mundo entre festas e glórias passageiras, risos e falsas amizades, regadas com o uso de drogas e álcool. Para ela, todos deviam estar submissos à sua vontade e ela jamais deveria ser contrariada.

Alguns empregados da sua família foram demitidos por

motivos tolos, como por oferecer a ela água natural ao invés de água gelada. Dormia por horas e não admitia ser acordada por nada, nem para ir à escola.

Mas o tempo passou... A mãe, muito vaidosa, havia desenvolvido um câncer de mama, morrendo em pouco tempo, com muito sofrimento físico, apesar de todos os cuidados médicos. A doença havia se alastrado com muita intensidade, surpreendendo inclusive os médicos.

– Minha mãe morreu revoltada com o Cristo. – disse, lamentando.

– Era católica, dessas ricaças que vão à missa só para dizer que são boas. Para ela, Jesus havia escolhido nossa família para ser feliz, poderosa e rica.

Silenciou, como se precisasse respirar um pouco, e continuou:

– Ela sempre dizia que não merecia morrer. Confesso que eu também pensei assim.

Emocionada com as lembranças da sua vida, disse ainda que o pai não amou tanto sua mãe como deveria. Ele era um grande empresário, cheio de vícios, especialmente os de ordem sexual. As aventuras amorosas invadiram de tal forma o cotidiano de seu pai, que ele começou a perder o controle financeiro de seus negócios, gastando grandes somas em festas regadas a muito álcool, fumo e sexo.

A doença, porém, também o visitou. As noites maldormidas, o excesso de trabalho durante os anos anteriores, o abuso do álcool e do cigarro, além das farras constantes, comprometeram seu aparelho físico. A cirrose estava vencendo o velho empresário.

Doente, sem poder administrar sua empresa, seu pai ficou sozinho. A solidão, a ausência até mesmo dos falsos amigos o levaram a uma profunda depressão. Numa noite chuvosa, açoitado por obsessores cruéis, deu fim à própria vida, com um tiro fatal no ouvido.

Ana estava com os olhos banhados em lágrimas. Calou-se por alguns segundos, recuperando-se em seguida.

– Eu, prisioneira do meu destino, me vi só, com muito dinheiro, tendo de administrar uma empresa, mas totalmente infeliz. – disse chorando.

– Meus parentes queriam me dominar, desejando, no fundo, minhas posses. Eu, porém, com 25 anos, não deixei, preferindo destruir tudo que estava ao meu redor, inclusive a mim mesma.

A voz de Ana estava cada vez mais embargada. Precisou se recompor do choro reparador. Em seguida, prosseguiu corajosamente:

– Envolvi-me em aventuras amorosas desprezíveis.

Disse constrangida e com a voz embargada.

Interrompeu mais uma vez sua narração e depois continuou:

– Minhas decisões equivocadas encaminharam-me para um mundo sombrio, de pesadelo e de dor. No fundo eu não queria aquilo! Ou será que queria? Não sei! Era, porém, o que eu achava que havia me restado como valor. Um falso valor, é bem verdade.

– Estava numa miopia moral terrível. Larguei a faculdade, me envolvi com vários homens e mulheres, e participava de bacanais. Meu Deus, como sou infeliz! – disse, chorando.

Suas lágrimas duraram alguns longos minutos. Todos nós estávamos em silêncio. Anita, porém, orava intimamente.

Refeita do choro, prosseguiu:

– Meus "amigos e amigas" desejavam-me apenas para farras sexuais, promovidas com muito álcool e drogas. Nossa! Como eu consumi cocaína e maconha! De tantos desmandos, a empresa, sem controle, foi sendo administrada por alguns executivos da confiança de meu pai. Porém, como quem engorda o gado é o olho do dono, o meu foi ficando mirrado.

Respirou um pouco mais fundo e continuou:

– Um dia, quando havia saído da firma, após ter discutido com um dos meus tios sobre mais uma negativa dele em me dar dinheiro para bancar as minhas farras, eu me descontrolei de vez. Esmurrei a mesa, bati a porta violentamente, chutei os móveis e desci as escadas totalmente transtornada.

Enquanto Ana ia falando, as imagens que víamos eram tão reais! Um cinema numa dimensão nova para mim.

Ana entrou no carro esbravejando contra tudo e todos. No banco do carona, estava uma garrafa de uísque. Abriu com sofreguidão e tomou vários goles, como quem bebe água. Acendeu um cigarro, ligou o carro e saiu em disparada.

Ela, com a voz triste, continuou sua dramática narrativa:

– Chovia muito naquele dia. A cada metro, mais veloz ficava meu carro. Queria morrer! O trânsito estava movimentado e eu, acelerando mais e mais, buzinava para que os outros carros saíssem da minha frente.

– Uma curva, uma reta, outra curva, outra reta, mais carros... O sinal havia fechado para mim. Eu, porém, ignorei. Alguém na frente atravessava a rua. Eu, sem reflexo algum, tentei frear, mas não consegui. Numa tentativa desesperada puxei o volante para a direita, mas o carro não respondia ao meu comando. O asfalto escorregadio foi crucial nesse momento. Bati de frente com outro veículo.

Silenciou por alguns segundos e prosseguiu:

– Ouvi um barulho terrível e depois silêncio absoluto. Parecia que estava num vácuo. Daí a pouco me vi fora do corpo, acima dele cerca de 2 metros. Observei o estrago que tinha feito a mim e aos outros. Inocentes perderam a vida por minha irresponsabilidade.

– Não morri, porém, como havia imaginado logo de início. Algo me sugou de volta ao corpo e eu acordei com muitas dores, sangrando muito. Comecei a ouvir barulho de sirenes e adormeci. Muito ferida, fui levada a um hospital, onde fiquei ligada aos aparelhos por vários meses. – disse, chorando e fazendo breve pausa.

Quando estava internada, Ana conseguia ver o corpo, observava o movimento dos médicos e enfermeiros, bem como pôde acompanhar os poucos parentes que a visitaram durante os dez meses em que esteve internada.

– Eles olhavam pra mim com uma sensação de alívio. Eu me senti realmente uma rejeitada. Ouvi, por várias vezes, que os meus tios preferiam que eu morresse. Assim, evitaria mais dores para a família já destruída e poderiam administrar os negócios sem a presença da "viciada".

Ana fez várias cirurgias, mas ao final não conseguiu resistir, vindo a desencarnar numa manhã de domingo, vítima de infecção generalizada.

– Eu sabia que era domingo, pois ouvi o médico dizer que precisava levar as crianças para o parque. Eu sentia meu corpo e o meu corpo me sentia. Comecei a perder os sentidos, como se estivesse caindo num buraco sem fundo. Alguém, porém, que eu não me recordo quem tenha sido, chegou perto de mim e disse para eu dormir. E eu dormi.

– Acordei num local escuro, onde vozes invisíveis me acusavam de assassina e suicida. Na escuridão, caminhei por longo tempo procurando ajuda, sem que ninguém aparecesse. Sentia muitas dores nas pernas, nos braços e nas costas. Minhas mãos sangravam e minha cabeça parecia que estava sendo martelada. Fiquei desesperada e comecei a pedir socorro.

– Andava na escuridão, sem saber por onde estava caminhando. Acabei caindo num buraco que parecia não ter fundo. Foi uma longa queda, dessas que acontece quando você está sonhando. Caí e acreditei que tinha morrido pela segunda vez, devido às dores que eu sentia. Achei que estava no inferno ou ao menos perto dele.

Ela contou que era um vale malcheiroso, com baixa luminosidade e intenso calor. Assustada, foi recebida por espíritos difíceis que a trancafiaram em uma velha casa. Em seguida, pôde perceber que a casa se parecia com parte da sua casa quando estava encarnada, especialmente com o seu quarto, porém, destruído. Depois de muito tempo, sem precisar o quanto, com fome e sentindo-se suja e doente, foi solta.

– Não sei por que haviam me prendido nem me soltado! Vaguei como uma louca, sem rumo, sem nada, por aquele vale sombrio. Meu estômago doía de fome. Tentava dormir, mas não conseguia, devido às dores. Pedia perdão, mas ninguém me ouvia, com exceção das vozes que nunca se afastavam de mim, acusando-me de assassina e suicida.

Calou-se por um momento e continuou:

– Depois de muito tempo perdida em minhas lembranças, pensei em minha avó, uma doce senhora que havia morrido quando eu tinha completado dez anos. Eu nunca havia pensado nela antes. Senti uma sensação inacreditável de saudade e paz.

– Daí a instantes, vi diante de mim, como por encanto, uma pequena luz, que crescia lentamente. Era ela, minha adorável vovó, do mesmo jeito que eu a tinha visto pela última vez. Olhou para mim com leve sorriso nos lábios e disse baixinho:

– Faça silêncio, minha querida. Vamos sair daqui sem sermos percebidas. Para isso é preciso orar a Jesus. Confie em mim e feche os olhos.

– Eu fechei, confiando totalmente nela. De repente, senti que estava sendo deslocada, como que saindo do chão, levitando. Que coisa deliciosa é levitar! Essa viagem demorou pouco tempo. Como ela havia dito para eu fechar os olhos, eu continuei até sentir os meus pés tocarem no chão.

– Chegamos a um local bem arejado e vi que estava numa casa grande, onde muitos espíritos, como eu, recebiam cuidados de outros socorristas, como minha avó.

Calou-se um pouco e prosseguiu:

– O tempo foi passando, até que minha avó me trouxe pra cá, onde disse que eu deveria aprender um pouco mais.

Anita, segurando nas mãos de Ana, fraternalmente disse para todos nós:

– A vida é cheia de valiosas lições. Muitas vezes, nós passamos por ela sem aprender o que o Cristo quis nos ensinar enquanto estávamos na carne, no mundo físico. O importante agora é não temer o futuro e caminhar para a frente, sempre, cada vez mais fortes. Lá, teremos outras oportunidades para aprender as mesmas lições, mas de outro jeito. Assim é a vida.

Olhei para todos em volta e senti um frio na barriga, afinal tinha chegado a minha vez. Fiquei de pé contemplando a ilhota e vi, lá no meio, a Árvore Azul, que naquele instante emitia um brilho especial. Senti um vento tocar minha face, como se estivesse me acalmando. De olhos marejados, narrei minha história...

– Minha vida foi cheia de oportunidades e eu as desperdicei por completo. Nasci num lar evangélico, tendo pais maravilhosos, mas que eu reneguei por orgulho, inveja, egoísmo... Por ainda ser muito imperfeito.

Lembrei os momentos difíceis que fiz meus pais passarem, minhas fugas, meus vícios, meu comportamento, meu caráter doente, minha alma perdida.

Havia passado pelo mundo, conhecido as mensagens de Jesus e tinha partido como um bandido, presa fácil de espíritos vingativos que estimularam o ódio e a vingança em mim.

Contudo, Deus agiu mais uma vez com extrema misericórdia para comigo. Permitiu que eu chegasse ao fundo do poço, que frequentasse uma região muito sofrida no Plano Espiritual, que eu fosse socorrido por almas irmãs num modesto centro espírita. Enfim, sou grato a Deus por tanta ajuda recebida.

Ao terminar meu relato, percebi que todos nós estávamos com os olhos cheios de lágrimas. Ao abrir meu coração, botei para fora as experiências que me magoaram muito.

– É assim mesmo que funciona, Luís. – disse Anita.

– Falar faz bem para todos nós. – completou.

– Eu estou mais aliviada também. – comentou Ana.

– Tudo isso faz parte da vida. Nascer, viver entre flores e espinhos, morrer, repensar a experiência, voltar a nascer, reviver, conviver, morrer... Tudo isso faz parte da vida. – explicou Anita, nossa tutora.

Olhamos o bosque e, comovidos, nos levantamos. Não sei que sentimento maravilhoso nos uniu de repente. Demos as mãos e começamos a cantarolar a Oração de São Francisco. Eu acompanhei o ritmo, apesar de não saber a letra, já que na igreja que eu havia frequentado, não cantávamos canções católicas.

Aquele foi um momento muito especial para todos nós. Contemplar a Árvore Azul tinha feito muito bem a mim e aos meus novos amigos. Falar sobre mim e ouvir os relatos de outros que, como eu, haviam também errado, contribuiu para a minha caminhada aqui no Plano Espiritual.

Peço a Deus que me dê forças para aproveitar esta oportunidade com mais inteligência e sabedoria.

Mais ensinamentos

*Meu coração estava aliviado. Tive coragem, como os de-*mais, de falar de muitos fatos da minha vida, retirando do armário da hipocrisia o "homem velho" que todos nós guardamos.

Não é fácil falar de si, especialmente quando é necessário assumir o mal que se fez e o bem que se deixou de fazer. Um misto de vergonha, constrangimento, sinceridade, arrependimento, medo, culpa e coragem resultou numa sensação de leveza. Não era mais preciso ficar fingindo ser um espírito mediano, quando ainda sou bem atrasado.

Retornamos para o prédio central. Rodrigo e

Ana foram para a biblioteca, e Mário decidiu descansar um pouco. Precisava pensar em tudo que havia relatado e nos planos para iniciar uma nova encarnação.

Eu e Anita fomos passear pela praça central, um grande espaço verde, lindamente arborizado, onde os pássaros cantarolavam soberanamente. Uma fonte ao centro, cercada por um lindo jardim de flores de diversas cores.

O clima ameno, refrescante, nos convidava a uma constante serenidade. Por longos minutos ficamos em silêncio. Falar, ao menos naquele instante, era desnecessário. Anita, porém, sentia a minha inquietação. Por mais que eu ficasse num silêncio fúnebre, a mente fervia em questionamentos.

Como fui capaz de fazer tanto mal para as pessoas que me amavam? Por que não ouvi os conselhos de meus pais? Se tivesse seguido as orientações deles, tudo teria sido diferente. Por certo, não teria nem conhecido Augusto e Magno. Por que eu fui tão burro, tão idiota?

As horas haviam passado sem que percebêssemos. O sol se punha de maneira encantadora. Fiquei impressionado com tanta beleza. O astro rei se põe do mesmo jeito há milhões e milhões de anos, e nós raramente nos damos conta de tanta magnanimidade.

Anita, percebendo a minha admiração, afirmou com uma pergunta:

– Lindo, não é?

– Nem fale! Como eu pude perder tanta beleza, que diariamente se coloca diante de todos nós, como bênção de Deus? – lamentei.

– Na vida, há tempo pra tudo. Ontem, você plantou. Hoje,

você colhe e amanhã voltará a plantar e a colher, mas agora com novas informações para poder tomar as melhores decisões. É simples assim. – respondeu-me com brandura.

– Simples e complicado ao mesmo tempo, pra dizer a verdade, não é? – indaguei.

– É simples, porque tudo faz parte das Leis de Deus, imutáveis. Concordo com você que se torna complicado, muitas vezes. Porém, isso ocorre quando não aceitamos as orientações do bem, utilizando nosso livre-arbítrio para ingressarmos nas veredas da maldade. – respondeu com serenidade.

– Confesso que tenho muito medo dessas coisas de reencarnação. Eu não entendo bem este mecanismo de justiça, como você diz. Por que é necessário retornar à vida física? Não podemos melhorar moralmente e intelectualmente por aqui mesmo? – perguntei, inquieto.

– A Lei da Reencarnação, meu amigo, está integralmente inserida na Lei de Amor. Deus, que é Todo-Justiça, nos oferece inúmeras oportunidades para que possamos reparar os enganos cometidos em vidas anteriores. Eu entendo que você ainda não compreenda a lógica reencarnatória, devido ao seu conhecimento religioso fortemente alicerçado na ressurreição. – afirmou com bondade.

Fez uma pausa, observando calmamente meus olhos inseguros, e continuou serenamente:

– Quando Jesus se referiu à ressurreição, quis nos mostrar que depois da morte do corpo ressurgimos na vida verdadeira, a vida espiritual. Reencarnar, porém, é voltar à carne, e nisso não há nada de anormal.

– Imagine, Luís, se você tivesse apenas uma única vida física para aprender tudo, fazer tudo e que suas escolhas determinariam para sempre a sua sorte – céu ou inferno. Diante da sua atual situação, como se sentiria? – concluiu com inteligência.

– Ficaria para sempre no inferno. – respondi, decepcionado.

– Você acha que seus pais, que amam tanto você, o deixariam para sempre nas mãos de Satanás, como supõe a maioria das religiões do mundo?

– Não, é claro. Tenho certeza que fariam tudo por mim. – falei, convicto.

– Se seus pais, que são imperfeitos tanto quanto nós somos, usariam de todo o amor para socorrer você dos vales sombrios, por que Deus, o Criador de tudo e de todos, não poderia instituir leis imutáveis que nos facultassem inúmeras oportunidades para aprendermos a amar, tanto na vida física, quanto na espiritual? – perguntou, com tranquilidade.

– É, minha amiga, eu preciso estudar mais! – disse, resignado.

– O que importa é que nos reencontraremos com todos que um dia fizemos sofrer, ensinando e aprendendo a amar e perdoar, servir e plantar o bem pelo caminho que percorrermos. Aliás, eu estou ansiosa para que isso aconteça comigo.

– Se a reencarnação existe como você afirma, tenho medo do jeito que irei voltar.

– No Plano Espiritual, cada nova existência é planejada com muito amor, com muito cuidado. Especialistas nas sutilezas do processo da reencarnação nos ajudam a analisar o nosso passado, avaliar o nosso presente e preparar o nosso futuro.

Fez uma pausa para contemplar o canto do vento e continuou com a voz um pouco mais triste:

– Porém, esses seres especialíssimos, irmãos da mais alta capacidade intelectiva e moral, ficam muito tristes quando observam que muitos daqueles a quem ajudaram a organizar o corpo astral e físico, para uma nova viagem ao mundo físico, se entregam aos vícios da vida, aniquilando lentamente a vestimenta carnal, abreviando, portanto, o tempo que teriam na Terra. Isso quando não se entregam de forma consciente e irresponsável ao suicídio.

Interrompeu a conversa por um instante, recompôs a vitalidade na voz e continuou a me ensinar:

– Porém, eles entendem a diversidade dos níveis morais em que muitos estagiam no mundo físico. Sabem que é um estado passageiro de cada um de nós, e que todos aprenderão um dia a importância de viver a vida com a intensidade do amor, distribuindo bênçãos a todos. Felizes daqueles que amam com tanta intensidade os seus irmãos, que doam a própria vida em ações de caridade.

Em seguida, nos levantamos e cada um se dirigiu para seus aposentos. No meu quarto, fiquei pensando em tudo que havia aprendido naquele dia. O quanto foi importante para eu ouvir as narrações de meus amigos e expressar a minha própria dor.

Entendi que voltar a viver é uma Lei de Justiça, tanto quanto é uma Lei de Amor. Compreendi, também, que não posso seguir em frente sem antes recompor o quebra-cabeça da minha vida, onde muitas peças estavam perdidas, como Augusto e meus pais. Depois de orar a Deus, adormeci.

Os dias se passaram cheios de ensinamentos. A cada manhã, novos amigos eu fazia e mais coisas aprendia. Comecei a apreciar música clássica e arte, o que em minha última vida era algo impensável.

Passava horas na biblioteca ou nas palestras sobre o Evangelho de Jesus. Outra parte do meu tempo era dedicada aos estágios na enfermaria e nos grupos de limpeza fluídica. Confesso que limpar vômitos dos recém-chegados não era o meu trabalho predileto, mas aprendi a fazê-lo com amor.

Certa noite, depois de uma palestra sobre Reforma Íntima, eu e Anita conversamos sobre a complexidade da transformação moral. Eu, como sempre, acreditava que as "exigências" para conquistar a paz eram muito difíceis de serem alcançadas. Ela, porém, sempre me esclarecia com paciência.

– Ah, meu amigo! Apesar da reforma íntima ser imprescindível, muitos de nós não estamos dispostos a empreendê-la. Reformar-se intimamente exige renúncia, abrir mão de vícios, vencer traumas, superar medos, avançar com coragem.

– E, por falar em reforma íntima, onde anda Augusto? – perguntei, curioso.

– Você não se cansa de perguntar sobre ele, não é mesmo? – indagou.

– Todas as vezes que eu pergunto sobre ele, você fala que não é tempo ainda, que não estou pronto para saber disso, daquilo. Quando vou saber do paradeiro dele? – inquiri, impaciente.

– Tudo bem, já está na hora de você saber um pouco mais sobre algumas coisas.

– Pode começar, estou pronto para receber mais informações. – solicitei ansioso.

– Naquela mesma noite em que você se comunicou por meio

do aparelho mediúnico, Augusto faleceu. Um infarto fulminante o atingiu, enquanto ele dormia, e o fez aportar na vida verdadeira.

– Pelo comportamento dele durante a vida física, apesar de todo o cuidado que a filha tinha por ele, foi levado por espíritos cruéis à região de difícil acesso. Mas o tratamento espiritual que Ana Maria havia iniciado, composto por reuniões mediúnicas de evocação, Evangelho no Lar e preces constantes, contribuiu para o seu resgate. Ele ainda é um espírito muito endurecido. Não foi fácil retirá-lo do próprio inferno que criou para si. Porém, graças a Deus, conseguimos.

– Ele bem que mereceu, não acha?

– Não diga isso, meu amigo! Por mais que nos façam sofrer, não devemos nos alegrar com as desventuras dos nossos adversários. Ficarmos alegres com o sofrimento alheio é um sinal de inferioridade no qual não devemos permanecer.

– Mas ele me fez muito mal! – justifiquei minha posição equivocada.

– E o mal que fizemos aos outros, não conta? – perguntou, com objetividade.

Como eu não respondi de imediato, Anita continuou:

– Meu amigo, nós reclamamos do mal que nos fizeram, mas não nos lembramos do mal que causamos aos outros. É preciso refletir sobre isso e esquecer todo o mal que nos tenham feito.

– Como vamos conseguir caminhar nos lembrando a cada instante do mal que nos causaram? Vamos deixar no passado tantas dores e encher a nossa bagagem para a grande viagem, carregando-a de esperança, fé, amor, coragem, paz, amizade, fraternidade... Só assim seremos felizes.

– Tudo bem, eu já o perdoei por tudo que me fez. – afirmei, impaciente, como quem desejava encerrar a conversa.

– Será? – perguntou Anita.

– Se realmente perdoou Augusto, aproveite este momento e faça o que puder para esquecer esse passado que tanto lhe incomoda, trabalhando diariamente pela felicidade de todos que feriram você. Não se coloque na posição de vítima, porque nas leis de Deus não existe injustiça, mas Lei de Ação e Reação.

Ficamos em silêncio por breves momentos. Depois, iniciei com minhas dúvidas mais uma vez:

– Eu não entendi uma coisa, Anita. Se os espíritos das trevas são tão inteligentes, por que eles me deixaram ser salvo pela equipe de luz? E os seres abismais[14] que vi?

– Uma coisa de cada vez, meu caro. Tudo na Lei de Deus é profundamente bem regido e equacionado. Nada foge à Sua Vontade e determinação. Além disso, todos nós precisamos evoluir, apesar dos atrasos morais de muitos de nós, como os nossos irmãos em erro. Eles acreditam que podem vencer o Pai, e tudo fazem para desarticular qualquer ação dos bons espíritos.

– Quando eles o enviaram para destruir Augusto e, por conseguinte, desarmonizar Ana Maria e o centro espírita em que ela trabalha, sabiam que os Espíritos de Luz já estavam mobilizados para a defesa. Porém, como sempre, tentaram realizar seus planos.

– Muitas vezes eles conseguem, pois a fé dos homens ainda é muito fraca. O Mestre Jesus nos pede atenção, quando afirma em seu Evangelho que devemos "Vigiar e orar" para não cairmos

[14] **Seres abismais** ou **seres abissais:** seres que perderam a forma humana, degradados pela permanência no mal.

em tentação, tanto quanto que "se perseverarmos até o fim, seremos salvos".

Silenciou por um momento e prosseguiu:

– Precisamos ficar muito atentos às estratégias que eles utilizam para desarticular os esforços do bem. Promovem o medo, a revolta, a inveja, a malícia, os vícios, o orgulho, o poder, o sexo, enfim, tudo que prejudica o desenvolvimento moral dos seres humanos. E conseguem com muita facilidade, sabia?

– Porém, os espíritos do bem, que entendem o limite do homem encarnado, que respeitam o livre-arbítrio de cada um, se valem de um lampejo de arrependimento do ser sofredor para resgatá-lo, estimulando-o à prece, ao trabalho, ao perdão, à busca de uma conduta moral que o liberte gradativamente.

– E por que Deus não determina que todos sejam resgatados? Por que não acaba logo com esses seres infernais? – inquiri, angustiado.

– Deus, nosso Pai, respeita o nosso livre-arbítrio. Ele é o Criador e não o destruidor de seus filhos. Seu amor é para todos, bons e maus, sábios e ignorantes, ricos e pobres de todas as moradas do Universo.

– Não devemos nos esquecer que Jesus disse que "nenhuma ovelha de seu rebanho se perderia". Portanto, confiemos Nele e façamos a nossa parte, para que aqueles que se encontram nas trevas hoje, como nós um dia nos encontrávamos, sejam resgatados pela Luz. – respondeu, confiante.

– Mas eu vi a serpente! Vi seres horríveis, atravessei regiões miseráveis e fétidas, onde espíritos se arrastavam, estropiados de toda sorte. Estive no inferno, minha amiga, e sei que ele existe. Ou será que foi tudo um pesadelo? Será que tudo isso é um sonho e que serei acordado por meus pais no meu quarto? – perguntei, aflito e confuso.

– Calma, Luís. – pediu, compassiva.

– Você não esteve nas regiões abismais, como supõe. Nos mundos infernais descritos por Dante, existem os abismos, onde habitam os espíritos mais endurecidos, vítimas de seus próprios atos e pensamentos degradantes, que cultivaram durante séculos.

– Por atuarem de maneira continuada e persistente no mal, fugindo sempre da luz, nascem e renascem assistidos pelas leis universais, em terríveis condições reencarnatórias. Uns melhoram em alguma coisa, outros preferem estacionar na escala evolutiva. Um dia, porém, abrirão as mentes e o coração para o amor de Deus e conseguirão subir mais um degrau na senda da evolução espiritual.

Calou-se por um momento e explicou:

– Além disso, a região na qual você esteve pertence ao espaço umbralino[15], onde a atmosfera é pesada e asfixiante, devido aos pensamentos e vibrações dos espíritos que lá permanecem.

Aquela região é localizada próxima à crosta da Terra e recebe parte dos espíritos que desencarnam em condições lastimáveis, moralmente falando. Não é o abismo propriamente dito, apesar de emitir energias de baixíssimo teor. E olhe, meu amigo, nem queira saber como são os mundos abismais! – explicou-me, pacientemente.

---

[15] **Umbral:** palavra amplamente usada por André Luiz, através da psicografia de Chico Xavier, e definida no *Dicionário Aurélio* como "Limiar da Entrada"; hoje faz parte da linguagem espírita para definir zonas de dor e sofrimento. Na obra *Nosso Lar*, encontramos, nas palavras de Lísias: "O Umbral começa na crosta terrestre. É a zona obscura de quantos no mundo não se resolveram a atravessar as portas dos deveres sagrados, a fim de cumpri-los, demorando-se no vale da indecisão ou no pântano de erros numerosos".

– E os espíritos em formas animalescas que eu vi? Isso não conta? Como pode existir tanta coisa assim? – continuei inquirindo.

– Os perispíritos daqueles irmãos estão totalmente disformes, carecendo de muito amor e paciência para voltarem a ter a dimensão humana. Um dia, seja de forma espontânea ou compulsória, serão alcançados pela bênção da reencarnação.

– Mas por que se mostram assim? – perguntei.

– Isso se deve à continuada insistência na maldade. São espíritos recalcitrantes e perseguidores, egoístas e orgulhosos, que perderam a forma humana por vontade própria, assumindo, assim, a responsabilidade perante as Leis Universais.

– Acreditam que foram castigados e banidos por Deus, e que Jesus é o responsável por tamanho sofrimento. Foram enganados por seus antecessores e continuam a enganar os que caem em suas ardilosas teias. Muitos, mais endurecidos do que aqueles que você viu, habitam os abismos, localizados em regiões de acesso instransponível para nós.

– Apenas irmãos de alto padrão vibratório conseguem, com autorização de Jesus, entrar em tais regiões. Soubemos que o Mestre visita essas regiões em grandes caravanas, para ajudar os que se encontram em condições de socorro. Nem todos, porém, conseguem transpor seus medos e fazer a passagem para novas oportunidades, precisando de mais tempo nessas regiões para aprenderem, de alguma forma, a necessidade de recomeçar com Jesus.

– Pelo grande padrão de amor, os espíritos superiores que auxiliam o Cristo nessas missões não são vistos ou percebidos pelos irmãos sofredores. Jesus, porém, comanda tudo e a todos espera. – afirmou com clareza.

Quantos esclarecimentos, meu Deus! Despedimo-nos. Na manhã do dia seguinte, encontrei Ana, Mário e Rodrigo no refeitório da ala de hospedagem.

– O que houve, homem? Viu um fantasma? – perguntou Mário, soltando uma grande gargalhada, no que foi acompanhado pelos demais.

– Não, nada disso! Fiquei pensando apenas em muitas coisas ao mesmo tempo. – respondi com ar de cansaço.

– Eu dormi muito pouco! – acrescentei.

– Espero que tenha pensando e refletido o suficiente para solucionar seus problemas. – disse Anita, aproximando-se do grupo.

– Você sabe no que pensei a noite toda? – perguntei, assustado.

– Meu caro, os espíritos não são adivinhos, mas nós podemos perceber as vibrações de cada um, inclusive a sua. – respondeu em tom de brincadeira.

– Eu queria me vencer! – afirmei, com tristeza.

– Você vencerá, meu amigo, se desejar realmente. É preciso persistir, confiar em Deus, em Sua Justiça Soberana, e deixar que Jesus seja o Nosso Guia. – afirmou Anita.

– Como podemos vencer a nós mesmos, diante de tantas lembranças que vibram em nossas mentes e fazem bater forte os nossos corações? – perguntou Ana.

– Eu sei o que é isso. Todas as noites eu fico pensando na vida irresponsável que tive. – concluí.

– É preciso ter fé, meus amigos. Jesus disse que, se tivéssemos fé do tamanho de um grão de mostarda, de um grão de areia, conseguiríamos transportar montanhas.

– No sentido real das suas palavras, as montanhas são as grandes dificuldades de ordem moral, os enormes desafios que diariamente enfrentamos aqui ou em qualquer outro ponto do Universo.

– Contudo, o maior desafio é vencer o "homem velho" que habita dentro do coração de cada um. Ao vencer este homem, daremos lugar ao novo homem, cheio de amor e solidariedade para com todas as criaturas. Este é o nosso destino: amar sempre. – contra-argumentou Anita.

– Eu vou conseguir! – afirmei, cheio de esperança.

capítulo 17 | Uma chance para o perdão

Reencontros

E o tempo foi passando... Semelhante ao vento que varre o chão coberto de folhas no outono, eu me dediquei aos trabalhos diários de limpeza no Hospital da Colônia Azul, por quatro anos terrenos. Dos estágios pelos quais eu havia passado, aquele era o que menos gostava. Lavar o piso e a sujeira dos pacientes sempre me causava uma repugnância quase insuportável.

No entanto, foi por meio dessas atividades que eu me reencontrei, percebendo que, a cada impureza que eu limpava, surgia uma oportunidade de também retirar a mágoa, o medo, a raiva, o orgulho, a presunção, tanta coisa ruim que ainda me tornavam impuro e "sujo". De paciente, passei a serviçal, desempenhando com muita alegria a boa rotina.

Aprendi que doar-se ao semelhante é mais importante do que dar. É, na realidade, um dos pilares que sustentam a Lei de Amor. Quando tive a oportunidade de assistir a uma palestra de nobre enviado da Luz, compreendi o sentido sublime da Oração de São Francisco, quando ele afirma que é "dando que se recebe".

Eu, que na última existência física havia tido a bênção da evangelização por meio da educação religiosa da Igreja Batista, fui socorrido por espíritas e, por meio de uma oração católica, comecei a compreender o sentido da doação sem recompensa.

Como nossa vida realmente é uma enorme rede completamente integrada! Pude perceber que não devemos nos separar em bandeiras religiosas, pois formamos uma grande família, distribuída em diferentes irmandades que se reúnem em inumeráveis partes do Universo.

Diariamente, estava tendo o auxílio de abnegados amigos espirituais que, com muita paciência e humildade, me ensinavam novas coisas sobre a essência do amor ao próximo.

Eu estava relembrando, sob a ótica dos espíritos, o Cristo que eu tinha aprendido quando era criança e que havia esquecido. Aprendi que o tempo é um remédio que nos ajuda muito, amadurecendo nossa forma de pensar e agir. Anita continuava sendo aquela grande amiga que, por amor, ensinava-me a vencer meus preconceitos, desejos de vingança, rancor, mágoa...

Nesse tempo, fiz outros amigos. Alguns deles já partiram em suas novas experiências no espaço infinito e na Terra. Mário, o mais brincalhão, retornou ao mundo há algum tempo. Vi nos seus olhos a esperança, mas também o temor de não conseguir realizar o plano que ele mesmo traçou, com o acompanhamento de espíritos especialistas no processo da reencarnação.

Oro muito por ele, porque sei que voltar à vida física é um dos mais completos desafios para espíritos como nós, ainda cheios de enganos. Espero ter a mesma coragem que ele teve. Que eu tenha forças para encarar esta viagem de retorno ao mundo ao menos tendo "fé do tamanho de um grão de mostarda".

Soube de tantos casos de espíritos que partiram da Colônia Azul prontos para serem enviados ao mundo, mas, quando já estavam acoplados ao corpo, na gestação humana, não suportaram o medo das provas e abdicaram da vida, provocando o aborto. Sem falar daqueles que cheios de esperança iniciaram seu retorno, sendo abortados. Quanta infelicidade em suas vidas, meu Deus!

Como eu tenho medo de tentar e falhar no meio do caminho. Como me apavoro com a menor possibilidade de meus futuros genitores, caso não me queiram ao seu lado, abortarem a minha próxima existência. Quanto isso me angustia, meu Pai...

Havia terminado minhas leituras na biblioteca e resolvi contemplar o sol. Eu adoro ver o astro rei se pondo! Eram quase cinco horas da tarde, quando ele começou a se pôr na linha do horizonte, prometendo retornar mais vivo que nunca no dia seguinte.

Estava sentado num banco próximo ao Lago da Paz, um local encantador, cheio de árvores, localizado entre a praça central e as residências dos espíritos trabalhadores. Entre pensativo e contemplativo, tentava acalmar meu coração angustiado.

Era época de Natal e de lá eu observava as luzes coloridas que enfeitavam o prédio principal da nossa colônia. Mais um Natal sem ver meus pais! Quanta saudade, meu Deus! Queria tanto vê-los e abraçá-los. Queria saber mais sobre eles. Por que estão demorando tanto para me visitar?

Pensava também em Ana Maria, que tanto me ajudou. Onde ela estava? Por que nunca tive a felicidade de revê-la numa reunião mediúnica ou de visitá-la em sonho?

Diziam, os mais experientes, que eu ainda não estava devidamente preparado para esses encontros. Confesso que o posicionamento deles me irritava! Mas, apesar de não aceitar, compreendia os condicionamentos necessários para um reencontro equilibrado.

Nos últimos meses, eu voltei a pensar em Augusto com mais intensidade, orando muito por ele, pedindo a Deus que me perdoasse pelos pensamentos de revolta que tive.

Tendo a ajuda de Anita e com o auxílio das aulas de evangelização, pude conhecer um pouco mais sobre o Cristo Consolador. Aprendi a necessidade de amar os inimigos, de perdoar infinitamente cada ofensa, de ser misericordioso, indulgente, manso e pacífico para com todos.

Ah! Mas como é difícil, meu Deus! Na teoria tudo é mais fácil, tudo acontece com muita lógica e parece que nada vai dar errado. Na prática, porém, o "homem velho", que ainda reside dentro de nós, com muito mais experiência na jornada evolutiva, domina as nossas mais nobres esperanças, retardando o nosso progresso.

Mas Jesus, o jardineiro da Criação, o sol que rechaça as trevas, que foi ao encontro de Madalena, vendo estrelas em suas chagas, nos dá o soerguimento necessário para que possamos sair dos "esgotos morais" nos quais residimos por várias existências, reconduzindo-nos aos braços ternos do Pai Criador. Semelhantes àqueles que estão à nossa frente na escala evolutiva, também nós iremos avançar, apesar de tudo.

Diante do sol que partia para "dormir", encantado com tanta beleza da sinfonia universal, me sentia em paz, mas ao mesmo tempo inquieto. Este paradoxo não me deixava nada confortável. Algo estava pendente e eu precisava resolver. Tudo estava indo tão bem, mas faltava alguma coisa em minha vida. E não eram apenas os meus pais.

Desde que cheguei aqui, observei muitos momentos especiais de reconciliação. Acompanhei Rodolfo, um amigo novo que fiz, pedir perdão em público, com o coração aberto e em prece poética, para Ângela, sua esposa na última existência, a qual teve sua vida física interrompida pela ação do marido desconfiado.

Acompanhei Mirtes, outra nova amiga, médica-obstetra, rogando perdão a Fidelis, Maurício e Romeu, espíritos que passaram pela experiência física do aborto em encarnações anteriores, motivada pela ação insana da antiga profissional da saúde.

Presenciei Sheila, delegada, perdoar Marcelo, um assaltante em vida anterior, que a havia matado para roubar-lhe o carro. Também observei Santiago, Rogério e Pedro, irmãos trigêmeos, pedirem perdão a Paulo e Zuleide, seus pais, conduzidos à morte pelos filhos desequilibrados de outrora, vítimas das drogas.

Conheci Zilma e Silas, aliciadores de menores em vida anterior, que pediram perdão a Maria, Vânia, Rita, Alves Mota, Marcos, Sandra e Paulo Moraes, espíritos que se prostituíram por causa deles. Minha nossa! Como vi tanta coisa linda acontecer diante dos meus olhos. Sem dúvida, eu tive maravilhosas oportunidades de crescimento. Antigas vítimas e velhos algozes se reencontraram depois de séculos em dolorosas idas e vindas...

E o sol se pôs! Era hora de ouvirmos a execução da Ave Maria, outra música católica que aprendi a respeitar e a sentir a sua essência na harmonia do espírito. Respeitosamente, todos paravam o que estivessem fazendo e ouviam a beleza da sinfonia da Mãe Santíssima. Dali a instantes iniciava-se a exposição do Evangelho no auditório principal, e eu precisava ir para lá, como sempre.

O professor Miguel, que inúmeras vezes me ajudou a entender a personalidade espiritual de Jesus, me esperava para novas orientações. E para lá eu fui, cheio de vontade de aprender. O amigo Amaro Correia, médium de valor moral indiscutível, que nos visitava em sonho ou em transe mediúnico para auxiliar as caravanas socorristas, também me esperava à porta do auditório. Ele, com muito bom humor, me apresentou à Dra. Pétala, uma médica boníssima que posteriormente ministrou palestras sobre as consequências clínicas da mediunidade.

Depois do Evangelho, retornei para meus aposentos, onde pretendia descansar. Mas, por algum motivo, não conseguia. Estava muito nostálgico e comecei a relembrar os vários passeios de pesquisa e alguns de socorro simples dos quais tive a oportunidade de fazer parte.

Lembrei-me de quando visitei pela primeira vez a zona 1, local onde os espíritos infelizes se aglomeravam, de início, para posteriormente serem levados ao Hospital Manto Azul de Maria. Minhas lembranças também se fixaram nos diversos hospitais psiquiátricos que estão na Terra ligados à nossa Colônia. Tive saudades dos companheiros que pude ajudar e das boas conversas cheias de orientações sadias que recebi, quando visitava as pequeninas vilas de socorro, que funcionam como postos de pronto atendimento.

Como não conseguia descansar e nem estava disposto a participar das comemorações natalinas, preferi caminhar para arejar a mente. Sentei-me no banco da praça e fiquei contemplando o céu estrelado, os prédios iluminados com as cores do Natal e o movimento daqueles que também aproveitavam a agradável noite para caminhar, conversar ou pensar na vida, como eu.

Comecei a orar, agradecendo a Deus por mais uma oportunidade, mais um dia que findava com mais lições para mim. De olhos fechados, sentia o ar entrar pelos meus pulmões, revigorando todo o meu organismo. Um dia, os homens aprenderão a respirar corretamente, evitando assim o surgimento de muitas doenças, bem como contribuindo para a cura de outras tantas.

Sem que eu percebesse, Anita sentou-se ao meu lado. Estava irradiante, bela, com uma fisionomia de grande felicidade, mas serena.

– Como você está linda, minha amiga! Está apaixonada? – perguntei com o tom de brincadeira.

– Sem dúvida! Estou completamente apaixonada por um homem maravilhoso. – respondeu com alegria.

– Mas que maravilha, minha irmã! E eu o conheço? – perguntei curioso

– Sim, o nome dele é Jesus Cristo! – respondeu-me, feliz.

– Ah, este não vale! Ele é comprometido com todo o mundo. – respondi, com sorriso nos lábios, sendo acompanhando por Anita.

Depois de breves sorrisos, Anita continou:

– É verdade, meu irmão! Jesus é comprometido com todos nós, nos dois planos da vida. Como é maravilhoso sentir que existe um ser superior, iluminado, que nos ama sem limites, sem condicionamentos! Um dia, sentiremos por toda a humanidade o mesmo amor intenso que Jesus sente. – respondeu com alegria.

Após ligeira pausa, afirmei perguntando:

– A noite está linda, não acha?

– Sem dúvida! Hoje é noite de Natal, Luís. O mundo inteiro comemora o nascimento de Jesus. A energia que envolve os corações humanos, nesta época, é mais leve, suave, propícia à reconciliação. Apesar de todo apelo comercial, o Natal é uma ocasião muito especial para os homens.

– Fico imaginando qual presente Jesus gostaria de receber de nós... – comentei nostálgico.

– Nenhum que possamos comprar, mas qualquer um que possamos dar com amor, sem outro interesse que não seja a felicidade do nosso semelhante. O maior presente que Jesus deseja ganhar de nós, todos os anos, é que nos amemos uns aos outros, como ele nos tem amado.

– Quando amamos, somos capazes de cobrir "a multidão de pecados" que trazemos de nossas vidas anteriores. Só o amor é capaz de nos transformar, de nos aproximar de Deus. – respondeu com brilho nos olhos.

– Confesso que não sei se estou pronto para amar. Eu ainda não consegui perdoar Augusto. Como posso amar, se não consigo perdoar? – perguntei, tristonho.

– Nem o amor, nem o perdão, nem nenhum outro sentimento é encontrado nas prateleiras de supermercados. Não se acha o amor, nem se encontra o perdão espalhados pelo chão, como objetos preciosos perdidos. Ambos nunca estão fora de nós, mas dentro, esperando apenas que os acionemos, por meio da libertação dos nossos medos e das nossas culpas. Não espere, meu amigo, ser amado para amar, nem ser perdoado para perdoar. Simplesmente ame e perdoe.

– Mas como posso amar e perdoar os meus adversários, se não sei, se não sinto verdadeiramente esses sentimentos dentro de mim?

– O primeiro exercício é a oração. Nós acompanhamos a sua evolução desde quando chegou aqui. Observamos as preces iniciais e todo o processo de crescimento do conteúdo que elas apresentavam.

– Antes, você orava pedindo respostas para o seu sofrimento, querendo que os males fossem retirados por Deus sem o mínimo esforço de sua parte. Depois, começou a pedir forças para suportar as dores, a saudade, a aflição que vivia com a ausência de notícias da sua família. Em seguida, passou a orar pelos que estavam em situação de desespero, aflitos e loucos em seus próprios mundos infernais, como um dia você esteve. Hoje, porém, suas preces são de agradecimento pela natureza à sua volta, pela alegria de servir, pela oportunidade de aprender.

– Você não está mais simplesmente pedindo sem esforço. Está agradecendo, apesar das dificuldades que possam advir de todo empreendimento que venha a realizar. Isso é um progresso, meu amigo. – respondeu, me esclarecendo.

– Eu sinto muito ter feito Augusto sofrer! Sinto muito mais ainda pela dor que causei aos meus pais! Essa dor moral me envolve por completo, anestesiando-me muitas vezes as forças. Queria muito ajudar Magno, que também magoei, uma vez que não segui suas orientações. Como eu gostaria de servir na casa espírita que Ana Maria ergue, ao menos para limpar o chão. Mas devo esperar. – falei triste, mas esperançoso.

Chorei silenciosamente, sem desespero, como quem precisa chorar para aliviar o peso no coração. Anita carinhosamente me confortava, numa atitude de profunda consideração por mim. Como eu aprendi com ela!

Depois de alguns minutos, ela falou:

– Chorar é muito importante. Alivia o nosso coração. Mas hoje é noite de Natal, tempo de abraçar, de sorrir, de agradecer, de orar, de dar presentes. E Deus, Nosso Pai, lhe enviou um lindo presente.

– Um presente pra mim? Nunca recebi presente algum aqui! – disse, curioso.

Anita se levantou e olhou em direção à ponte sob um pequeno lago, que fazia parte da Praça da Luz. Eu, curioso, acompanhei seu olhar. Aproximavam-se três espíritos, mas, devido às lágrimas em meus olhos, não conseguia enxergá-los nitidamente. Limpei os olhos e fiquei observando a aproximação deles.

Meu coração bateu mais forte. Surpreso, olhei para Anita. Ela, como quem diz mentalmente "está esperando o que?", sorriu. Meus passos pareciam pesados, lentos. Acelerei o ritmo, abrindo os braços em direção deles. Não conseguia segurar minhas lágrimas e meu coração parecia que iria sair pela boca. Parei diante deles, sem reação alguma. Não sabia o que dizer, como dizer, o que fazer.

– Será que não merecemos um abraço, meu filho?

Eram meus pais e Augusto. Abracei e beijei meus pais com tanta alegria no coração, que parecia uma criança. Era, realmente, um maravilhoso presente de Natal.

– Como eu preciso falar com vocês! Eu preciso que vocês me perdoem por tudo, pela dor que eu possa ter lhes causado. Eu farei o que for necessário para me redimir de cada mágoa que deixei em seus corações. Por favor, me perdoem! – falava quase sem parar, agoniado.

– Calma, meu filho. Respire fundo e vamos aproveitar esta oportunidade. Nós já lhe perdoamos, porque o amamos. Quem ama perdoa. – respondeu minha mãe.

– Mas o perdão exige novas atitudes, novo comportamento e novas lições. – afirmou meu pai.

– Veja quem veio conosco! É Augusto. Ainda se encontra cansado. Conseguimos a sua transferência para este hospital, por acreditarmos que aqui você poderá cuidar dele por nós. Acompanhá-lo e ajudá-lo a se recuperar, será a sua missão. – falou minha mãe.

– Venham, quero que conheçam Anita, minha tutora. – convidei com alegria.

Em poucos minutos, Anita estava conosco, com um largo sorriso no rosto.

– Olá, Anita, minha querida. – falou minha mãe, como se já a conhecesse.

– Vocês se conhecem? – perguntei, curioso.

– Claro, meu filho. Anita sempre nos passava notícias suas. Enquanto você dormia, durante os primeiros instantes de sua internação, Anita e nós discutíamos sobre como poderíamos ajudá-lo. – respondeu minha mãe.

– Mas por que não vieram me visitar antes? O que os impedia? Eu senti tanta falta, tanta saudade de vocês! – inquiri, inquieto.

– Não podemos fazer nem tudo o que queremos. Visitá-lo antes poderia prejudicar o planejamento traçado para a sua recuperação. Nós sempre estávamos lhe acompanhando. Víamos os seus esforços e as tarefas que executava por meio de teletransmissões. Quando você dormia, nós nos aproximávamos, em desdobramento. – respondeu meu pai.

– Como assim? – perguntei curioso.

– Apesar de não termos mais o corpo físico, estamos num corpo astral, no perispírito. Quando dormimos, nosso espírito se liberta temporariamente desse corpo fluídico e se encontra com seres amados, vítimas, algozes, etc. Tudo, porém, com a permissão de Deus. – respondeu Anita.

– Luís, meu filho. Preste muita atenção agora. Temos boas notícias. Vamos sentar um pouco e contarei tudo. – disse minha mãe.

Depois de nos sentarmos, mamãe, segurando em minhas mãos, começou a falar das propostas de melhoria que deveríamos empreender:

– Lembra-se de Ana Maria? – perguntou com alegria.

– Como não poderia me lembrar daquela que me socorreu e a quem sou muito grato. – respondi, feliz.

– Ana se tornou uma mulher muito bonita. Em breve se casará com um jovem muito respeitoso, espírito preparado e um trabalhador valioso da seara espírita. Eles terão dois filhos. Eu e seu pai, na próxima encarnação, seremos irmãos zelosos.

– Mais adiante, quando eu completar 25 anos, também irei me casar com um honrado companheiro de ideal espírita. Receberemos como filho, porém, o nosso querido Augusto. Seu pai, ao completar 30 anos, se casará com distinta moça. Eles terão como filhos você e a mãe de Ana Maria, anteriormente abandonada por Augusto, mas já resgatada pelos companheiros da Luz.

Calou-se por um instante, compreendendo minha surpresa, e prosseguiu:

– Você e Augusto serão primos, morarão perto um do outro e aprenderão a conviver sob uma nova ótica. Havíamos pedido que vocês renascessem como irmãos. Mas os espíritos superiores orientaram que será melhor, para a execução dos planos de reencarnação de cada um de nós, que recomecemos assim. – explicou minha mãe.

– Nasceremos num lar espírita, meu filho. Receberemos um novo conceito religioso, uma nova abordagem filosófica e uma base científica do amor e da justiça de Deus. Nossa experiência na religião Batista irá nos ajudar, e muito, na compreensão do Evangelho de Jesus.

– Você será o irmão zeloso e irá vencer os obstáculos da vida, protegendo sua futura irmã das investidas de espíritos vingativos. Augusto poderá se apaixonar por ela, mas você e nós iremos ajudá-los a manter um relacionamento fraternal de primos.

– Que Deus nos ajude nesta nova oportunidade de viver para aprendermos a amar. – complementou meu pai, com muita serenidade.

Fiquei cabisbaixo, pensativo. Anita, observando as minhas inquietações, minhas dúvidas, meus receios, segurou em minhas mãos, reunindo-as às mãos de Augusto, que permanecia em silêncio. Olhando-me, levantou meu rosto com carinho, como quem convida alguém a enfrentar a vida com coragem, e disse:

– Aproveite, meu amigo, mais esta oportunidade que Deus lhe confere. Nunca se esqueça do convite de Jesus, quando afirma: "Vinde a mim todos vós que estais fracos e sobrecarregados, e eu vou aliviarei". Confie, meu irmão! Deixe que o sol da esperança brilhe dentro de você, por você e para você.

– Lembre-se do que Jesus nos disse, meu filho: "Se amardes apenas os que vos amam, que fazeis mais que os outros...? Amai, pois, os vossos inimigos; fazei o bem aos que vos odeiam e orais por aqueles que vos perseguem e vos caluniam..." Coragem, meu amor, nós vamos conseguir, juntos. – afirmou minha mãe.

Passamos a noite de Natal juntos, aproveitando todos os momentos. Meus pais partiram alguns dias depois, deixando Augusto sob a minha responsabilidade. Fiquei muito honrado com a autorização dos dirigentes da nossa colônia para que eu me tornasse tutor sênior.

Minha missão era ajudar na recuperação de Augusto, incentivando-o à prece, à reflexão, ao estudo evangélico, à prática da caridade, do perdão, enfim.

Não sei quando irei retornar ao mundo físico para iniciar minha nova vida física. Sei, porém, que não pode haver justiça maior do que aquela que proporciona a todos nós, espíritos errantes, a oportunidade de começar de novo.

Que Deus me conceda a paz para vencer mais este desafio e que eu possa aproveitar mais uma chance que terei para perdoar.

Muito obrigado.

Uma Chance...

... *Fim* ...

LEIA TAMBÉM:

Flávia - Sonhos e Regressões
Ricardo Di Bernardi

Um romance emocionante baseado em uma história real, que traz um amor impossível do passado que floresce na vida atual e nos faz entender as leis de causa e efeito.

Gabriel, Esperança Além da Vida
Nilton Cesar Stuqui,
pelo espírito Gabriel Martins

Emocionante. Gabriel, um jovem que desencarnou aos 20 anos, traz a certeza do reencontro, pois Deus jamais separa aqueles que se amam

Todo Amor Vale a Pena
Marilene Lavorente,
pelo espírito João de Deus

Este emocionante e envolvente romance se passa na época da escravidão. Uma história de amor que atravessa as barreiras da morte.

Insensatos Corações
Marlene Saes,
pelo espírito Luizinho

Um romance apaixonante que envolve em sua trama um grupo de pessoas interligadas em várias reencarnações, vivenciando o amor, a paixão, o ódio, a traição, a vingança e o perdão.